创业密码 2

科技创新时代的创业与投资

李建军◎著

人民邮电出版社

北京

图书在版编目（CIP）数据

创业密码. 2, 科技创新时代的创业与投资 / 李建军
著. -- 北京 : 人民邮电出版社, 2020.7
ISBN 978-7-115-54038-6

Ⅰ. ①创… Ⅱ. ①李… Ⅲ. ①创业－研究 Ⅳ.
①F241.4

中国版本图书馆CIP数据核字(2020)第085489号

内 容 提 要

《创业密码2》是《创业密码》的延伸和完善。本书对创业的各个环节进行了更细致的分析和探讨，包括如何把握趋势，成为一个真正的创业者；如何构建理想的商业模式，创业初期营销怎么做；如何找到可靠的合伙人，创业初期的团队如何建设；如何使用创业工具；初创企业融资的要素、消费升级和人工智能领域创业的关键点；早期项目如何选择孵化空间，等等。创业者把握好创业的这些环节能够有稳定的心态，自信地面对人生的关键选择，成功创业。

本书适合初创企业的创业者和创业企业的管理者阅读，同时对寻找投资项目的投资者也有一定的帮助。

◆ 著　　　　李建军
　　责任编辑　单元花
　　责任印制　彭志环
◆ 人民邮电出版社出版发行　　北京市丰台区成寿寺路 11 号
　　邮编　100164　　电子邮件　315@ptpress.com.cn
　　网址　https://www.ptpress.com.cn
　　三河市中晟雅豪印务有限公司印刷
◆ 开本：690×970　1/16
　　印张：18　　　　　　　　　　　2020 年 7 月第 1 版
　　字数：205 千字　　　　　　　　2020 年 7 月河北第 1 次印刷

定价：69.00 元

读者服务热线：(010)81055493　　印装质量热线：(010)81055316
反盗版热线：(010)81055315
广告经营许可证：京东市监广登字 20170147 号

坚持做一件有价值的事

坚持做一件有价值的事，这是我的座右铭。我认为如果你遇到了一件自认为是有价值的事情，那就应该坚持去做，切勿中断，切勿放弃。我现在一直在做早期科技项目的投资和孵化，我深信这是一件非常有价值的事情，因此我会不遗余力地去做。

早期项目和成熟项目不同。早期项目往往需要很多帮助，才能不断成长。风险投资很难眷顾它们，而天使投资却如同插上翅膀的天使，飞来飞去地为这些项目"接生"。天使投资人会像人生导师一样，为这些早期项目提供全方位的支持和服务。我觉得这是一件很有意义、很有趣的事情。如果你看中了一个有潜力的早期项目或是认同一个很有价值的想法，目睹它茁壮成长、日益强大，就会有一种将婴儿养育成人的成就感。当项目取得瞩目成绩时，创始团队一定会记得第一次帮助他们的人，或者给他们第一笔启动资金的人，这就是做天使投资的魅力所在。

创业是一场长跑赛

如果要做天使投资，大家就要考虑一下自己是不是有一个好的心态。创业是一场充满挑战的长跑赛，就好比马拉松长跑。马拉松全程约

1

42.195 千米，全程马拉松的关门时间一般是 6 个小时。这就意味着选手要在 6 个小时内跑完马拉松，才会有奖牌！目前，我已经跑了几十个马拉松，发现长跑和创业其实是非常相似的。

一开始跑得快的人，不一定能够跑到终点，他有可能跑到中间就跑不动了。长跑是耐力的比赛，创业也是耐力的比赛。长跑到 30 千米以后会遇到撞墙期，即在运动一段时间后，由于能量不足导致全身乏力。这时身体会感到运动程度已到达极限，心态也常常会在此时出现问题。这时候，我们往往会认为自己再也撑不下去了，因此放弃。但是，一旦撑过这个时期，身体就会恢复常态，跑起来不但健步如飞，还会觉得身心舒畅。

创业和长跑是一样的，非常考验人的耐力。当遇到坎坷和困难时，我们能不能挺得住、能不能坚持住是极其重要的。如果我们熬不过这个坎儿，就只能半途而废，如果撑过去就会发现柳暗花明又一村。

当然，我们跑过这段路程后，依然不能松气，因为还有下一场比赛。我们不能只在比赛时才跑步，平时也需要积极锻炼，做好准备。创业也会经历这样的平台期、上升期，然后又到平台期的循环过程。在这条路上，创业者只有珍惜平台期，苦练内功，抓住上升期，快速奔跑，才能让企业迅猛发展。

稳定心态决定非凡未来

创业者素质是一个稳定的三角形，三条边分别是心态、能力、商业嗅觉。其实做任何事情，保持稳定的心态都是成功的基础。

我们创客总部的墙上写的标语是：目标高远，意志坚定。这句话讲的就是心态，我们内心始终要知道目标在哪里。我们一旦想好未来3～5年主要做的是某一件事情，那么其他事情就可以暂时放下，去专心致志地攻克最重要的这件事情。梦想总是要有的，我们知道灯塔的方向后，就要坚持努力靠近它。

自信面对人生的关键选择

对于一个初创企业来说，关键时刻的关键选择特别重要。例如，该拿谁的钱？接不接这个订单？这个订单可能会赚钱，但同时有造成负面影响的可能性，那究竟是接还是不接？我们团队能力有些欠缺，希望有一个高管能够空降进来，应该给他什么样的待遇和位置？面对这些问题，我们需要做出非常慎重的选择。

我刚创业时，就面临过这样的问题：几个创始人都很年轻，不知道该如何做决策，于是我们拿到钱后问投资人应该怎么做。投资人给我们的建议是："你们既然没有经验，那就请一个有经验的人。"于是，当我们每个人一个月只拿几千元的工资时，就从中国香港一个知名广告公司花高薪请了一个行政总裁来当我们的CEO。他认识当时互联网行业的所有"大佬"，带着我们见了其中一些"大佬"，我们觉得很开心、很荣幸。但是，他只会做这些公关工作，对管理、产品和预测未来一窍不通，对中国内地的市场也一点儿都不懂，结果是我们融资金额的一半都给了他，但公司越做越艰难。后来，我们又不得不召开股东会请他离开。我们为此付出了很大的代价，不得不重新回到原点，自己干。虽然这段经历浪费了我们比较长的时间，但是后来我们靠自己的努力和坚持重新追回了进度。

那段经历在我人生中留下了深刻的烙印，它告诉我面对关键时刻的关键选择，一定要对自己充满自信，要学会快速、果断地做决策。尽管在决策的过程中会有一些不如意或者出现一些问题，但这些都无伤大雅，关键是选择的方向一定要对。

价值创业引领时代潮流

我们一定要坚持去做一件有价值的事情。我们希望做价值投资，所以主张价值创业。也就是说，如果做这件事对我们的人生和发展没有价值，那就不要做了；如果有价值就坚持去做，这就是价值创业。很多创业者的理想是研发出一个能够解决用户的某一个痛点的产品，并希望用户喜欢他们的产品，持续成为这个产品的粉丝。也有些人创业的目的是研发一种新药，消除一种疾病等。无论如何，如果我们觉得创业对我们的人生来说是有价值的，那就坚持去做，努力让自己的企业活下去，一步一步前进。所有的成功都需要积累，都需要付出成长的代价，天上不会掉馅饼，高楼大厦也不会凭空出现。

电影《冈仁波齐》里面有一句话说得特别好——人生没有白走的路，每一步都算数。创业也是这样。如果创业者经常问自己："我做这些事干什么，我是不是很愚蠢？"那就不要坚持了。因为你没有信仰，不会坚持做下去，会被杂念影响。

　　创业是一个不断提高自己能力的过程，这种成长本身就是一种美好。希望《创业密码2》能够对创业路上的你有所帮助，对正在做公司转型或者在关注一些创业项目的人有所帮助，这是我最大的心愿。

李建军

庚子年春　于北京创客总部

目录

5
CHAPTER ○ ○ 　**第五章　营销的制胜之道 / 53**

6
CHAPTER ○ ○ 　**第六章　创业团队管理 / 67**

10
CHAPTER ○ ○ **第十章 创业维艰 / 213**

附录一 创业加餐 / 219

附录二 坚持做一件有价值的事 / 249

后记 273

CHAPTER 1

第一章

创业就是找对投资趋势

趋势为王

对于创业者和投资者来说，最重要的一点就是把握趋势。

我们经常讲趋势为王。在我写的《创业密码》一书中，第一章就写了趋势。因为我认为对于每个创业者来说，抓住趋势，知道趋势的方向，是创业前首先要做的。

那么，我们怎么理解趋势呢？

所有的大趋势只有在非常明显的情况下，我们才可以认为它是趋势。我们现在需要做的是，在趋势成为大趋势之前，也就是将起未起时，就要把握趋势。这是每个创业者都应该做的事情，但是把握趋势其实很难。对于创业者来说，分析问题的方法往往是：我们知道了一件事，然后去推导下一件事的趋势，这是相对容易做到的。很难做到的则是拥有立体思维，并以此判断整个趋势的形成。只有我们要做的事符合大环境的发展趋势，才会对我们有利，这一点至关重要。

举个例子，回头看过去的 20～30 年，中国最大的趋势性机会是什么？我们看到的是很多投资资源的商人，他们获得了非常多的赚钱机会。

我在与传统企业家聊天时，会问："你知道你为什么会赚到钱吗？"

其实很多传统企业家对这个问题并不清楚，只知道在他们所在的领域，因为一个小环节的改善或者与众不同赚到了钱，但他们不知道到底什么才是使他们财富增长的真正原因。

我们现在可以总结过去，因为总结过去可以更好地展望未来。

从过去的趋势看，我们知道我国最大的趋势性机会其实是资产升值，原因是我们国家的资产以前是比较便宜的。例如，以前土地、矿产这些资产与国际价格相比是较低的，因此可以说在投资资产的过程中，会创造财富剧增的机会。中国经济的发展从高速转向快速，特别是中国和国际市场的接轨越来越紧密，这使中国的资产价格在上升到和国际价格一致后，开始保持平稳，这样资产升值的机会就会减少。因此，我们看到最近几年，投资中国资产升值的商业机会已经大大地减少了。

那么，未来20～30年，中国最大的趋势性机会是什么呢？这就要看我们对未来的判断和把握了。

我国是一个靠资源或者说靠人力成本优势，通过改革开放正逐步富裕起来的国家。随着资源开采的限制和人口红利的消失，我们看到了很多模式创新与发展，而现在通过模式创新来发展的机会也已越来越少，因为模式创新已经不能支撑整个经济往前发展了。

那么，接下来是什么呢？我们认为是科技创新或者说技术创新。因为对于模式创新来说，它能够改变的是存量市场，或者浅显地说就是我们的财富从左兜到了右兜，但是技术创新能够带来的是增量市场。我们从美国的经验就能看到，美国发展壮大，是因为它捕捉到了第二次工业革命的大趋势。20 世纪的伟大发明，很多来自硅谷。从技术创新的角度来说，美国硅谷一直是引领整个技术创新和经济发展的动力。

对于我国来说，这个趋势性机会已经出现。可以说，未来我们可能看到的最大趋势性机会，或者说投资、创业的趋势性机会是以技术创新为核心，以消费升级为基础的。未来一段很长的时间，我们所有投资人在看项目时，一定要把握技术创新这个核心。我们判断，技术创新将是我国未来最大的趋势性机会。

抓住趋势的人

我们一定会想：什么样的人能够抓住趋势？上文提到趋势只有在将起未起的时候抓住才会有效果。投资界经常举这样一个例子，就是当远处是一个黑点时，你要怎么判断它是乌鸦还是飞机。所以，到底什么样的人能够抓住趋势呢？

第一种，爱尝试的人。因为爱尝试的人往往会有一定的商业嗅觉。为什么我们都喜欢连续创业者？虽然连续创业者不一定是百分之百合格的创业者，但是连续创业者有一个非常好的优势，就是他喜欢不断地尝试。移动互联网时代允许创业者不断迭代和试错。如果你只是按部就班，或者只是固定在一个领域内，不敢尝试新的机会，那么你将很难抓住机会。

第二种，爱学习的人。爱学习的人往往通过学习，不断地拓展自己的认知范围，然后去感知整个外在趋势的一些发展规律，因此他们也可能会抓住趋势。

第三种，运气好的人。运气好的人的确能够抓住趋势，但是我要说的是，有准备的人才可能有好运气。

创业基石：消费升级与技术创新

我国正处于第三次消费升级的大潮中，而且消费升级不断下沉到三线、四线城市，消费者对产品和服务品质更高层次的追求已成为刚需。我们要清晰地认识到，未来属于 AI+ 时代，技术创新会渗透消费领域的每个环节。因此，我们说未来的创新创业，或者说升级版的创新创业是以消费升级为基础并以技术创新为核心的。

很多互联网创业者其实更愿意从模式创新的角度考虑问题，因为模式创新可以"短、平、快"地见效益。一个技术创新项目需要在研发上投入很多，研发需要大量成本，而且研发是有周期的，这时候你可能会觉得自己错过了一些机会和窗口。我要强调的是，这是一个误区。不管是什么样的项目，技术创新的研发和投入都是必不可少的。哪怕是传统的餐饮项目、服装行业，也一定会有技术创新的需求。如果你做的是餐饮行业的项目，想以单品作为爆款来突破市场，那么你可以通过加盟或者开连锁店的方式，快速扩大规模。如果你不注重产品的标准化、不注重中央厨房的建设、不注重整个物流和供应链的建设等这些技术创新需要做的事，就会发现在拓展过程中这些方面会成为非常大的瓶颈和很难突破的点。

我们讲趋势，一定会提到拐点这个概念。趋势和拐点是相互衔接的。

有可能是我们运气好，或者我们爱尝试，抓住了一波发展趋势。此时，你要分析你是在趋势的什么时候进入的。创投圈（投资或创业行业）的人经常开玩笑说：你进来早了，早就被淘汰了；你进来晚了，连喝汤的机会都没有了。所以，创业者和投资者了解拐点这个概念非常重要。

什么叫拐点呢？当我们判断一个市场中的新事物取代旧事物或者新技术取代旧技术时，依据是新事物或技术的市场容量达到了30%。此时我们就认为市场拐点已经出现了。当新事物的市场容量达到30%这个点之后，新事物取代旧事物的趋势就是不可逆的。市场容量在达到30%之前，甚至到了25%，都可能不是趋势而是假象，或者说是泡沫。

例如，当智能手机市场份额取代传统手机的市场份额达到30%的时候，这个趋势性的机会就已经不可逆了。在达到30%之前，大家其实各有各的判断。因为智能手机在当时有很多流派，究竟是哪一个流派或者哪一项技术能够成为市场的主导，谁都不知道，所以当时很多人猜测了不同的方向。当其中的一股力量，如以iPhone所代表的智能手机成为市场主导时，这个趋势就不可逆了。所以，我们在判断一个趋势和机会是否来临的时候，往往会用拐点来确定趋势是否真正成立。

那么，这里的关键点就在于：在拐点出现之前，作为创业者或投资人肯定是要做预测的。在 30% 之前的阶段内怎么判断？这是很难量化的，因为在拐点确定之前，所有的趋势都可能是泡沫。拐点一旦确定，再进入就晚了，因为那时候市场趋势已经形成。前段时间很火的共享经济（如共享汽车、共享充电宝和共享雨伞），在它的拐点没有出现之前，我们是无法确认它的趋势的。

对于投资人来说，我们更倾向于投资市场化程度高的行业和细分领域，因为一个领域的市场化程度越高，其趋势和拐点就越容易判断。那些市场化程度不高或者对政策依赖很大的领域，在判断趋势的拐点时，就要考虑一些非市场化因素，这就导致这类判断更加复杂了。

CHAPTER 2
第二章

成为创业者

早期项目的成功率其实是非常低的。创投圈中有一个现象，那就是早期项目特别是在天使投资期的项目，成功率不到 5%。这就引出了一个问题：究竟什么样的人适合创业？对于创业者来说，进入一个行业或者进入一个创业领域，首先要看自己适不适合创业。

我们经常说这个人不适合创业，那个人适合去公司打工，这种判断是怎么来的呢？我们眼中的创业者是什么样的？什么样的人在创业早期能够更容易存活下去？或许看了下面的内容你就会明白。

创业者的心态

创业的第一要素是创业者的心态。创业者的心态是什么样的？那就是"目标高远，意志坚定"。这句话可能像一个口号，怎么理解这句话？举个例子，就像我跑马拉松，"全马"约 42.195 千米，我是一步一步跑下来的。我有一个坚定的目标：要完赛。目标虽然有了，但在跑步的过程中会出现很多问题，如受伤、中暑、补给不够等，跑得快的人不一定能够跑到终点，特别是在 30 千米后的撞墙期，这时候意志力特别重要。意志力能够决定你是否坚持到完赛。创业就好像划着一艘船在大海里航行，目标是什么呢？目标就是远处的灯塔，你只有看到灯塔才会有方向感。但是，你在划船驶向灯塔的过程中是不可能走直线的，因为你会遇到非常多的风浪和波折。线路可能会迂回，我们在创业过程中，也是没有直线和捷径可走的。但是没关系，灯塔就在那里，坚持朝着目标前进，最终总会到达的。

创业也是这样，只有信念坚定的创业者，才能够真正地创业成功。

怎么理解意志坚定呢？我认为一个创业者在决定创业的时候，应该做好未来三五年甚至十年的规划，主要的精力都要放在创业这件事上。我们经常碰到这样的创业者，他说他创业是因为现在工作不太好找，他先创业看看，如果有好的工作机会，他可能便会选择打工；或者说他先兼职创业，同时在其他的公司打着工，等项目发展有起色了再辞职；又或者说同时做几个项目，如项目一、项目二、项目三等，等某个项目成功了再说创业。凡是有这样心态的创业者，一般情况下都很难坚持下去，或者说很难成功。正确的心态是创业成功的基础。

持续的学习能力

学习能力是一个创业者打破自己的天花板、提升自己格局必须具备的基本能力。学习是能力的最大来源。学习能力是一个很泛的概念，我个人认为学习能力体现在以下两个方面。

一是读书。我希望大家每个月读一本书，当然也可以做得更好，比如每周读一本书。读书是提高能力非常重要的一个环节。读书分为这样几种：第一种是读和你的学习、工作相关的一些书；第二种是读一些对提升自己的社交能力和知识延展有帮助的书。无论哪种，在你读完一本书之后最好能够分享或写出读后感。你可以结合自己的生活来写读后感，进而能引发思考。

二是参加各种活动。 我所说的活动是指能够提高自己能力的活动。例如，和一些比你优秀的人交流；参加一些行业"大咖"的分享活动，那些分享活动让你能够学习新东西和提高自己。我希望大家能够通过这种活动，更多地和别人交流，让自己的思想与别人的思想碰撞，然后提高自己。把自己学习到的知识，用自己的语言组织并分享出来，是你真正能够学到知识的一个好办法。学习能力需要锻炼，我曾看到很多创业者在路演的时候很紧张、语无伦次或者讲得毫无逻辑，这就需要多锻炼、多读书并多与人交流。

总的来说，学习能力是我们打破自己的天花板、让自己的层级不断上升的最重要的能力。

 ## 理想照进现实

每个创业者都是满怀梦想的，马云曾说"梦想总是要有的，万一哪一天实现了呢。"创业者大多数不缺乏激情和梦想，但是一定要兼顾理想和现实。我们有目标，要去实现它，但同时要看到现实，看到我们需要做的非常实际的工作。我们要做好自己的产品，要管好自己的团队，要去做市场，等等，而不是喊口号。

斯托克代尔是一名美国海军上将，他被俘后，被关押了 8 年。有人问他是怎么熬过 8 年的，他说："对长远我有一个很强的信念，相信自己一定能活着出去，一定能见到我的妻子和小孩；但是我又正视现实的残酷。"

斯托克代尔告诉大家：坚守你一定会成功的信念，同时面对现实中最残忍的事实——不论困难有多大，不论它们是什么。

创业也是这样。对于创业者来说，兼顾理想和现实是一个非常重要的话题。当资本寒冬来临时，我们应该做什么？当手里的钱快花完时，我们应该做什么？我们的信念是一定会创业成功，但是我们也一定要面对现实，要知道在现阶段我们该做哪些事情，怎样让团队更稳定，怎样让市场更愿意接受我们的产品，怎样去练内功，而不是对外求助。当然求助也是一种能力，但是当你得不到回馈时，还是要靠自己。

无数创业成功的案例告诉我们，在关键时刻，只有创业者、创始人坚持自己的信念，兼顾理想和现实，企业才能够活得更长久。

商业嗅觉

对于创业者来说，还有一点非常重要，那就是商业嗅觉。什么是商业嗅觉呢？商业嗅觉其实就是预判市场的能力。很多创业者是缺乏商业嗅觉的，因为他们在创业的过程中，特别是早期创业过程中，喜欢钻牛角尖和闭门造车，会陷入所谓的逻辑自洽，自己说服自己，认为自己做的事情是最正确的。这就会出现一个误区：没有判断市场的方向，或者没有考量市场究竟应该是什么样的趋势，而凭自己闭门造车来判断自己应该做什么，这时候商业嗅觉就会出现很大的问题。

怎样提高自己的商业嗅觉呢？提高你的学习能力，多读书，多和外界交流，多去参加一些同行业的活动。更重要的一点是多和市场接触，希望每个创业者都能够直接接触客户，而不是通过中间机构接触客户。很多初创企业做市场调研时会委托一家公司去做，他们只看最终的数据。这是一种方法，但是更好的方法是直接面对你的用户，这样才能真正了解你的用户的需求，才能更敏感地了解市场。

如果能够预判趋势，能够预判整个商业发展的未来，那么你在做产品调整和方向调整的时候，就能做到快速应变。对于互联网创业的项目来说，犯错是正常的，特别是在移动互联网时代，犯错更正常。你可能需要不断地试错和迭代你的产品。这种犯错有时会导致大家很紧张：我做错了，我是不是就会"死掉"啊？不会的。这个时代的创新创业，其实是没有规律可言的，因为大家做的是最前端的事情。在这种情况下，每个创业者都是先驱者。对于先驱者来说，需要自己判断商业的方向和未来，这时候商业嗅觉就特别重要。先驱者需要敏感地感知这个市场，在随后的犯错过程中不断地迭代，最后找到真正属于自己的创业方向。我们希望看到的就是这种创业者，而不是那种自己闷头苦干一年，做出新产品来，结果发现市场好像已经过了这个窗口期，回头再去做一年……这样其实是没有任何市场机会的。

马克·艾略特·扎克伯格曾经说过一句话："完成比完美更重要。"我们希望创业者能够有很好的商业数据，能够快速地在市场上不断迭代和试错。

总之，创业者的素质就是心态＋能力＋商业嗅觉，这三者构成了一个稳定的三角形结构。心态非常重要。当然一个成熟的创业者的能力，除了学习能力，还应该包括对外界反馈的能力、抗击打的能力、自控力等。商业嗅觉是能够感知世界发展规律的能力，能知道趋势在哪里，知道去试错和迭代发展。创业者具备了这三种素质，就是一个优秀的创业者。

CHAPTER 3
第三章

构建理想的商业模式

在创业过程中，商业模式是每个创业者都会遇到的重要话题。每个投资人都会问：你的商业模式是什么？如果你讲的商业模式清晰、完整，投资人可能会跟你聊下去；如果你讲的商业模式乱七八糟，有很多断点，投资人就没办法与你聊下去。在初创企业融资的阶段，往往只有团队和故事，所以你只能去讲故事。因此，你阐述的商业模式是否清晰，很大程度上决定了你的项目是不是能够获得投资人的青睐。

什么是可靠的商业模式呢？2015 年，我们大概投资了 40 个早期项目，这些项目是从近 8000 个 BP（商业计划书）中筛出来的。为什么会有这么高的淘汰率呢？因为超过 85% 的项目在商业模式这个环节就过不了关。创业者需要面对投资人阐述自己的商业模式，阐述自己究竟在做一个什么样的生意。这是一个很重要的环节，你能不能用非常短的一段话，讲清楚你在做什么，这是一种能力。创业者还需要阐述自己的项目所具有的完整的和可靠的商业模式。

商业模式的完整性

完整的商业模式就是没有断点的商业模式。我们要做一件事情，需要清楚它是怎样开始的，应该从什么点来切入。

完整的商业模式并不是指要去做一个巨大的市场，完整的商业模式和巨大的市场是两个完全不同的概念。很多人特别愿意描述一个巨大的市场，希望以此获得投资人的青睐。例如，我要创业，我做的市场是女性服装市场，每年女性服装市场上千亿。这样讲是不是投资人就会愿意投资给你呢？那可不一定。我们更愿意看到的是，你能够用什么样的"刀"切开这个市场，找到市场的切入点，快速进入细分市场并获得领先优势。例如，微信是靠可以快速地发一条语音信息和摇一摇等非常简单的应用进入市场的。在逐渐获取了大量的用户之后，微信开始平台化，涉足更多的应用领域。现在我们可以在微信上做许多事情，可以买东西、理财、看电影、打车……这就是平台化的好处。对每个创业者来说，进入市场的商业模式一定是简单清晰、有切入点的，而不是去讲一个巨大的故事。巨大的故事往往会使你无从下手。

形成闭环

我们在做任何一个商业模式梳理的时候，一定要考虑形成一个闭环。

很多时候你会发现你的商业模式是有断点的。例如，在O2O时代有一个"一分钱洗车"的项目，它的商业模式是这样的：你可以到我这儿来花一分钱洗车，洗完以后最好在我这里买个保险、买机油或者做保养，这样我就可以赚后面的钱了。以一分钱作为入口，模式设计得很好，但是为什么一分钱洗车后来全部倒闭了呢？因为它们并没有形成一个闭环的商业模式。所有的消费者去它们那里都是为了一分钱洗车（占便宜的心态）。当时出现了一个非常奇葩的现象，很多人会下载十几个 App，哪里提供一分钱洗车就去哪里，洗完就卸载 App，最终造成大量的这类创业项目倒闭。

没有形成一个闭环的商业模式是很难往下推广的。在移动互联网时代，或者说未来的 AI+ 互联网时代，创业者面临的问题是如何形成一个闭环的商业模式，而最大的验证是能不能赚钱。当年 O2O 是 App 创业，做一个 App，然后去买一些流量，或者通过其他方式获取一些下载的流量，创业者会觉得这样就能够获得投资人的青睐。当更多的钱投入后，便去获取更多的流量，那以后怎么办呢？创业者不知道。这就是没有形成一个闭环的商业模式。

现阶段，如果你要做一个商业模式，就一定要告诉投资人或者告诉你自己怎么赚钱、如何锁定收费用户，这些非常重要。所以说形成闭环是商业模式完整和可靠的第一要素。

深耕行业

商业模式完整和可靠的另一个要素是对行业有深入的分析。如图 3-1 所示，我们能够看到的冰山上面的部分大概只是下面部分的几十分之一，甚至更少。我希望每个创业者在创业的过程中，一定要了解这个行业"冰山"下面的信息，这是非常重要的，不要老讲"冰山"上面的信息。很多创业者在与我们交流的过程中喜欢讲"冰山"上面的信息。对于投资人来说，每个行业"冰山"上面的信息我们都能看得到，讲这些意义并不大。

图 3-1　冰山

例如，餐饮行业。"冰山"上面的信息就是把店开在什么位置（因为开在人流量大的地方能赚钱）、翻台率（桌子每天会被翻几次，这样便能算得出来怎么挣钱）、口味（开始有些菜做得特别好吃，后期能否持续）、卫生、装潢、市场推广等。我们能想到的这些信息，都是"冰山"上面的信息。餐饮"冰山"下的信息绝对不是这些。如果你只讲这些信息，在这个行业创业，你基本上就是开个小饭馆。你要想和资本结合，或者将来要规模化经营，开连锁店，就必须知道"冰山"下面是什么？例如，如何标准化？开一百家餐厅，这一百家餐厅里的每道菜的口味怎么做到都一样？

要想餐厅做到标准化，就必须有中央厨房，而中央厨房面临着各个配送门店的辐射支持以及物流、配送时间等问题。

如果要做线上与线下结合，还要考虑门店对周围客户的辐射程度、物流和供应链体系，原材料产品来源——在批发市场购买，还是通过一个完整的供应链的供货机构配送？这些供货渠道是不一样的，虽然价格有高有低，但那是另外一回事。我想告诉大家，供应链的稳定性决定了餐厅将来的规模化。很多人认为成本很重要，但稳定性更重要。只有稳定了，才能够保证未来的规模化。那些快速扩张和口碑很好的餐饮店，都是靠这些来支撑的。因此，对一个行业是否有深入的了解和分析，是决定能不能在这个行业创业成功的非常重要的因素，是可靠的商业模式的源头。

服装行业也是一样的。我们投资过这样一个项目：一开始做女装市场，后来决定做大码女装，专门为胖女士提供服装导购。这是个非常细分的市场，切开以后巨大无比，所以说聚焦、对行业有深入分析和了解，是形成一个可靠的、完整的商业模式非常关键的点。对于完整的商业模式来说，首先要找到用户，要知道用户群体。

🔑 发现痛点

找到用户之后，我们需要做的是发现用户的痛点。与痛点相对的就是痒点，也就是非刚需和伪需求。

什么是用户的痛点、刚需？这是你要发现的。在大码服装的案例中，买不到衣服是胖女士的痛点。很多服装店不卖大码的衣服，需要大码服装的女士一进店，导购员就说对不起，这里没有你穿的号，这让她们很难堪。很多胖女士不得不去男装店买衣服，这是一个现实，因为女装店买不到那么大号的衣服，这就是刚需、痛点。

创造价值

你要为用户创造价值。找到痛点之后，你要知道怎样解决用户的痛点，为用户创造价值。你要用聪明的方法去满足用户的需求，让你的办法实现起来比较容易或者比较适合你的团队执行。

用聪明的方法满足需求

对于用户来说，他喜欢你的产品是因为使用起来比较简单，不涉及多个环节。如果你的产品设置了非常多的环节，就会导致用户烦了、不用了，所以用聪明的方法满足用户的需求特别重要。换个简单的说法就是，当用户有一个复杂的需求时，你能不能用简单方法满足他们？如果你用一个复杂的方法满足了用户的一个简单的需求，这就可能造成用户流失，所以说用聪明的方法满足用户的需求是特别重要的一点。

获取利润

现在的创业公司，不会挣钱是不行的。你要考虑提供的产品和服务怎样获取利润，怎样让公司存在下去。这是一个完整的商业模式必不可少的部分。

投资人或创业者怎样才能判断和分析商业模式是完整和可靠的呢？首先要找到用户，发现用户的痛点，然后为他们创造价值，用聪明的方法满足用户的需求，最终获取利润，这才是一个完整的商业模式。可靠和完整的商业模式是一个闭环。你提供的产品和服务有人愿意买单，使用后还愿意继续消费，并推荐给自己的亲戚、朋友，更愿意为你提供的增值服务买单，并对你的产品和服务提出建议，最终成为你提供的产品的粉丝和黏性用户，这就是一个很好的闭环的例子。

如果做不到这些，它就不是一个闭环。

你要想打造一个闭环，就要对行业有深入的了解。在创业的过程中，你一定要对行业"冰山"下面的信息有深入的了解。清晰地知道这个行业深层次的要求和需求是什么，而且你的团队里最好有一个深入了解行业的人，这样你才不会被行业里的"冰山"撞到。闭环和深入了解行业是非常重要的两点。希望你在构建自己的商业模式时，能够参考这两点，打造一个完整和可靠的商业模式，这是创业成功的前提。

CHAPTER 4
第四章

创业的王道：产品

当创业者苦思冥想什么样的赚钱模式才能够打动投资人时，是否忘记了首先应该做出一款优秀的产品呢？

痛点与"开鱼刀"

做好产品不仅是一个创业公司，而且是任何公司最重要的任务，这就是我们所说的产品为王。特别是对于初创公司来说，做好产品是能够打入市场和获得用户的一个关键点。创业者不但要让投资人喜欢自己的产品构想，而且要花精力研发一款优秀的产品，这是能够打开市场的更重要的手段。做出优秀的产品最关键的一点是找到痛点和"开鱼刀"。在第三章提到在一个行业创业，创业者应该进入这个行业的细分领域，并能够在细分领域有一把锋利的"刀"，以此切开这个领域的市场。

我比较崇尚针尖创业。什么是针尖创业呢？针尖创业就是能够打开市场，然后具有延展性，而不是光靠你说所在的行业有多大，并想让大家觉得市场容量很大。

大家去荷兰的时候，可能吃过荷兰鲱鱼。鲱鱼肉很好吃，它有非常多的优质脂肪和蛋白质。荷兰在 17 世纪被称为海上马车夫，是当时的海洋"霸主"。荷兰人怎么开始他们的伟大事业，怎么挖到第一桶金的呢？其实就是从开鱼刀开始的。

每当春夏之交，大量的鲱鱼会游到荷兰以及北欧的北边海滩上。这时候渔夫需要做的事情就是捞或捡这些鱼。但是，天气很热，当时没有冰箱，人们必须很快地处理好捞上来或捡到的鲱鱼。人们要剖开它，掏出来内脏，这是一个很漫长、很麻烦的过程。处理不及时，鲱鱼就臭了。然而鲱鱼臭了可以腌起来接着吃，慢慢地，大家就习惯了这个口味。瑞典就是一个没有解决鲱鱼保鲜问题的国家，所以瑞典人吃臭鲱鱼。

荷兰人解决了鲱鱼保鲜问题。

当时，荷兰有一个渔民叫威廉，他发明了一种开鱼刀。这么多世纪过去了，荷兰现在用的还是这种刀。荷兰人拿着刀从鲱鱼嘴里插进去，往外一勾，一秒就把鲱鱼的内脏全部拉出来了。一条鲱鱼一秒就处理好了，随后把它腌起来就不会臭了。就是这种开鱼刀让荷兰人获得了大量的好吃的鲱鱼。在那段时间里，荷兰人通过强大的海上贸易，把腌好的鲱鱼卖到世界各地，赚到了他们的第一桶金。

这个故事告诉我们：一个创业者或一个项目创始人，找到用户的痛点和找到类似这种"开鱼刀"的产品特别重要。

什么是"开鱼刀产品"呢？就是能够打开某个市场的优秀产品，也就是"开鱼刀"一样的产品。我们经常给创业者做分享讲座，有关产品的课程是非常受重视的课程，也是我们对创业者进行辅导和培训时最重要的科目。我们希望每个创业者都能认真地找到"开鱼刀产品"。找到这把"开鱼刀"，是打开市场最关键的一步。

比竞争对手好十倍的产品

　　"比竞争对手好十倍的产品。"这话出自一个非常优秀的产品经理。我国在互联网时代有很多优秀的产品经理，如马化腾、张小龙、周鸿祎等。产品经理对一个公司来说很重要。产品的呈现能力是初创团队非常重要的一种能力。我希望每个核心创始人都具备产品经理的素质和能力。

　　所有产品都有对标产品，特别是在我国。在创业的过程中，创业者都会明确自己对标的产品。例如，"我对标的是小米手机""我对标的是微信"……不管对标哪个产品，找到后应该怎么做呢？曾有一个很优秀的产品经理说，他们的原则就是要做一款比竞争对手好十倍的产品。如果发现做出来的产品不如竞争对手的好，或者比竞争对手的产品好不了十倍，就要重新做，这体现了一个产品经理追求极致的心态。比其他产品好十倍不好衡量，没有一个标准——多少是一倍，多少是两倍……我只是想告诉大家一个设计产品的态度，也就是一定要学会做一款比竞争对手好的产品。这是一个优秀的产品经理的心态。若没有一个做优秀和极致产品的产品经理或产品团队，怎么可能做出一款打动用户的产品呢？怎么可能做出一款"开鱼刀"式的产品呢？

　　乔布斯在做产品的时候会问："你做出一款产品，愿不愿意第一时间让你的亲戚、朋友购买和使用这款产品？"我把乔布斯之问叫作终极之问。你设计出来一款服装，你觉得很好，但你愿不愿意自己先试穿，并推荐给你的亲戚、朋友？产品经理在做每个产品的时候都要这样问自己。如果你觉得这个产品做出来卖得越远越好，最好别说是你开发的，那这就真有问题了。你要问问自己，究竟是在做一款什么样的产品。

乔布斯之问是对每个产品经理的终极考验。如果你有这种心态：认为自己一定能做出一款产品，并且愿意第一时间让亲戚、朋友去使用和分享，那么你才有可能做出一款优秀的产品。

跨越鸿沟

在做产品的过程中，一定要考虑产品如何跨越鸿沟。对于产品经理或者做产品的公司来说，一定会遇到几个跨越鸿沟的环节。在做一款产品时，往往会先做种子客户测试，如 100 个人用了你的产品觉得挺好，你就想当然地认为 1000 个人会用你的产品，同时你还会想当然地认为 10000 个人会用你的产品……这样无限放大使用你的产品的人数。这是做产品时的一种思维局限。做一款产品，种子用户用了觉得还不错，你就认为这个产品会大受欢迎。这种想法是错误的。

每个环节都有鸿沟。开发出一款让种子用户（几十个人）觉得还不错的产品，这只是完成了一个小规模的测试，并不能证明这款产品一定会在市场上大受欢迎，会有更多的人使用。你一定要对产品进行改进和升级，要跨越鸿沟。微信刚开始时提供的功能是什么？在它不断升级的过程中，哪些功能让更多的人去使用？它现在能够让大家使用最多的功能是什么？这些在微信发展的不同阶段是完全不同的。所以，一个产品只有不断地跨越鸿沟，才会是一个有生命力和能够被大众接受的产品。

在做产品设计，特别是互联网产品设计时，一定要考虑设计一款让用户满意的产品。用户是分很多种的。第一种用户是好奇的用户。每当新产品上市这种用户都会用，且使用后会提建议，还会和你互动。第二种是看到周边的人使用，他也会使用。一般是别人使用后推荐给他，他便会使用。第三种是很多人使用以后，他被动式使用。如周围的人都用了微信，他发现自己不用微信与大家联系和沟通不顺畅，此时就会使用微信。

这三种人是不一样的，但他们都是你的用户。如果你做了第一种用户使用的产品，那么它不一定是第三种用户愿意使用的产品，这中间有很大的鸿沟，而且你的用户可能不止这三种，可能还有四五种。因此，跨越鸿沟是一个产品经理必须面对的挑战，要从思想上接受这一事实。

上述这些内容更多的是在讲心态和延伸度问题，并没有讲一个产品应该怎么设计。关于一个互联网产品的 App 怎么设计、标题怎么设计、怎么提高它的打开率、怎么让更多的人去推广……这些都是"术"。这里更多的是想给大家讲一个道理，你懂了"道"的内容，那些"术"的内容即执行层面的内容，就容易去做了。

当一个产品经理拥有了解世界的敏锐度时，他会发现很多事物与之前是不同的。找到产品打开市场缺口的途径，跨越鸿沟，这样产品才能够继续发展。

试错与迭代：快，快，快！

产品的快速试错与迭代也很重要。在移动互联网行业，一个产品从1.0迭代到1.1或2.0的迭代周期平均是两个星期。也就是说，在互联网行业创业，可能两个星期就要对产品进行升级。在传统经济时代，这是不太可能的，甚至有些行业做一款产品能卖一辈子。如今一款产品卖一辈子不太可能，即使像方便面这样的产品，它也在不断地迭代和创新。只不过在传统行业，产品迭代周期非常长。这也是为什么很多传统行业在移动互联网大潮来临时，无法适应甚至被淘汰的原因。

当前很多传统行业中的产品纷纷被淘汰，正是因为这些产品很难适应这个时代的快速发展和快速迭代。产品快速迭代之后，也不可能每个产品都是合适的，所以试错很重要。你需要不断地试错，然后迭代，找到市场发展的正确方向。移动互联网时代是允许试错的。所以说快速地把产品推向市场，不断地迭代，是移动互联网时代常见的一种方式，是产品经理需要掌握的一个规律。

你和竞争对手的差距——不管技术差距还是资本差距，其实并没有你想象的那么大。对于一个产品的发展过程来说，不断地试错和迭代才是产品发展最重要的阶段。

总之，产品为王的几个关键点如下。

第一，一定要找到市场的"开鱼刀"。 创业者可以把"开鱼刀"的故事讲给产品经理听；产品经理可以讲给产品设计师听。

第二，在产品方面，能不能经得起乔布斯之问，即本书所说的终极之问。 你开发了一款产品，你身边的伙伴、最亲近的人是不是你产品的第一批使用者？你愿不愿意让他们使用？有没有信心让他们使用？

第三，一款产品从开始到不断升级，是一个不断跨越鸿沟的过程。 不要想当然地认为产品有 1.0 版本，就可以打遍天下，从 1.0 版本到 2.0、3.0 版本，还需要跨越很多鸿沟。

第四，试错和快速迭代。 任何一个产品，特别是移动互联网的产品，一定要在市场上不断地快速迭代，有错没关系，但要往前发展，这是很重要的。

 # 构建产品方案

做一款优秀的产品，是创业公司在市场上长期存活的基本要求之一。大部分创业公司与互联网相关。不管是传统行业还是非传统行业，其实都已经离不开移动互联网了，因为用户大多数在手机端。如今很多人在线上购物，线上社交就更多了。那么在构建产品方案的时候，应该注意些什么呢？

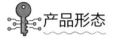

产品形态

我们先看一下互联网产品形态的演变过程。

BBS（网络论坛）现在已经很少了。中国的互联网产品形式最初是新闻资讯，也就是门户。这是跟雅虎学的，新浪、搜狐等都是靠这个发展起来的。百度则是靠搜索引擎发展起来的。这些都是产品形态。

SNS（社交网络服务）现在基本上衰落了。类似个性化推荐的新闻和搜索模式正在大行其道，这和未来大数据时代的特征相吻合。

O2O当年很流行，后来不行了，导致现在很多人在躲避它。其实，线上与线下结合是一个长期的过程，之前O2O之所以做得不好，是因为大部分是从线上往线下推广的。在从线上往线下推广的过程中，线上发展得快，线下发展得慢，两者发展得不对等，导致线上带不动线下，最后就"崩"掉了。现在的新零售也是一种O2O的模式，线下带动线上发展，这种模式是正确的。因为线上发展速度快，若线下带线上，那线下的发展速度就必须跟上线上。O2O将会是传统行业转型升级和拓展非常重要的一个工具和环节，而且一定是以线下为主。所以，这方面的项目大家可以多看一些。

IM（Instant Messaging，即时通信）是聊天工具，它是交互式的社交工具，即信息交互工具。我们使用的微信就是典型的 IM。

LBS 是基于位置定位的一些应用地图，是很大的一个应用，如大众点评就是基于 LBS 的应用。

团购流行过一段时间，美团是众多团购平台中唯一一个幸存下来的，当然它也进行了模式转型。

直播是这两年非常流行的一种模式，我们称之为秀场经济。

以抖音和快手为代表的短视频是目前比较流行的商业模式。移动互联网让我们的时间都碎片化了，短视频正好对应了消费者的碎片化需求，和电商、精准广告推广结合后大行其道。随着 5G 的推广，短视频会发展到哪一步，会不会对目前的影视娱乐行业产生颠覆性影响？让我们拭目以待。

互联网产品的盈利模式，大概有以下几种。

广告： 百度的竞价排名广告、今日头条的链接广告、App 的弹出广告等。广告是盈利的一个重要环节，因为流量是可以变现的，所以广告是大家认可的一种盈利模式。

电商： 有流量，可以直接卖产品或通过流量卖产品。

增值服务： 很多电信运营商会做增值服务，能够提供产品之外的一些增值服务。例如，服务费，收一些 B2B 行业的服务费，做 SaaS（一种软件布局模型）。

联合运营： 我有流量，你有产品，我通过流量帮你卖产品。我有产品通道，但是我没有好的产品，我与你合作，这就是联合运营。例如，我做出一款游戏和分发渠道合作。我就是做内容生产的人，做渠道的人就是做游戏分发的人，我们合作就叫联合运营。

业务模式

业务模式是指业务是怎么运转起来的。业务模式有 B2B、B2C、C2C、B2B2C 等，以及衍生出来的 F2C、C2G 等。通俗地说就是企业对企业、企业对个人、个人对个人等。

大部分人创业，要么直接把产品卖给用户，要么为产业链两端的企业提供服务，要么通过一个平台把 B 和 C 对接或者 C 和 C 对接、F 和 C 对接、G 和 C 对接，业务模式大概就是这些。

运营模式包括 UGC、PGC，如用户创造内容、自己原创内容、众包、众筹、P2P 等。运营模式就是使用什么模式来运营。微信的运营模式就是 UGC，即用户创造内容。很多自己做的、自主性创造内容的公众号或者一些内容生产商，都是 PGC，也即靠自己创造内容来获得用户的流量。

一个产品需要有 4 个点，如图 4-1 所示。这 4 个点对一个产品的延展是非常重要的。

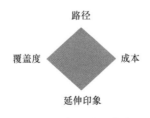

图 4-1 产品的 4 个点

社区、SNS、BBS 现在不流行了，不可能和朋友圈一样火了，因为它们的路径和产品的关系完全不同了。前面说的 UGC 这个路径，通过朋友圈，朋友直接可以点赞，可以领点赞赏，从而获得收入。如果通过社区，你在社区发完帖子以后，社区里的其他用户感到好奇，要去认可，最终会回到点赞、赞赏、获得收入这条线上来，如图 4-2 所示。为什么朋友圈直接取代了社区的功能，因为它的路径更短。也就是说，我们在做产品的时候要考虑路径，路径越短效果越好。

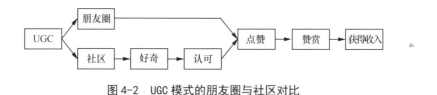

图 4-2　UGC 模式的朋友圈与社区对比

为什么要追求这种效果？如果路径过长会出现什么情况？从产品到用户，中间每多一个环节，传播的流失率就会增加90%，所以尽量不要让传播环节过多、路径过长。在设计产品的时候，你要考虑到它的路径，而这和产品的运营模式、盈利模式和方案构建相关。你要知道构建一个什么样的产品，用什么样的运营模式才能够发挥你的优势，让中间路径最短。

第一点，成本。传播产品的成本越低，最后取得的利润就越高。如果在传播的过程中，传播产品的成本非常高，获得一个用户的成本非常高，或者迭代产品的成本非常高，那么整个产品的研发和发展就会有非常大的问题。

第二点，路径。路径指的是传播的路径。从产品到用户的整个路径，应是一条线。

第三点，覆盖度。覆盖度是一个面。怎样让你的产品覆盖更多的用户？例如，我们用新媒体为产品做宣传，会做新媒体矩阵。做新媒体矩阵的目的就是让覆盖度更高。做新媒体矩阵会遇到一个问题，就是媒体的每个矩阵的点覆盖的用户不同，可能还要做一些微调。你不能用一个产品覆盖所有的用户，所以为了覆盖更多的用户，在做矩阵的过程中你要做微调。

产品也是一样的。这里有一个误区就是我们把产品做得越丰富，覆盖的用户群可能就越大。其实，产品的功能越多，功能点越丰富，产品的复杂程度越高，越容易导致用户流失。因为用户觉得产品越简单越容易使用，如微信。微信刚开始非常简单，这是为了让我们能更好地使用。当我们离不开它、不想卸载它时，它才会在上面增加很多应用。现在微信几乎是手机上应用最广的一个即时通信工具了，我们用它基本上就可以不用其他相似功能的 App 了。微信的功能越来越复杂，内容越来越丰富，但我们已经离不开它了。我们甚至还得为它买新的手机，因为内存不够了，或者容易死机等。所以，我们在开始设计产品时要考虑怎么让路径最短，让用户容易获得产品，同时要考虑产品覆盖的人群的精确度，要考虑用户使用产品时的便利性，然后再考虑产品功能的增加。

第四点，延伸印象。延伸印象是指产品给用户留下印象之后，用户还能够继续传播产品印象。如我发了朋友圈说我昨天跑了个全程马拉松，然后大家给我点赞，这是一个传播路径。第二天，我碰到了一个人，他对我说："你很厉害，昨天还跑了一个'全马'。"这就是延伸印象。除了点赞以外，朋友可能还会说："你能不能教我怎么跑？"接下去我不知道还会发生什么事情，但是一定会有延伸印象。如果你的产品能够让用户在使用这个产品的时候创造延伸印象，这个产品就是非常优秀的产品。

这里讲的产品可能稍微与"术"有关，但是它很重要。很多创业者对产品的形态、盈利模式、业务模式等并不清楚。投资人对创业者说："给我讲讲你的产品构架。"创业者直接拿产品出来给投资人演示很多功能。其实，投资人想看的不是这些，他想看的是清晰地阐述产品的形态。例如，你说做的是一个搜索引擎，但不是和百度竞争的，是一个科学论文的搜索引擎，很专业，不是大众化搜索引擎，数据库资源全部来自已发表的科学论文。你是为专业用户服务的，用户和产品是相匹配的，你的盈利模式是收服务费，必须是会员才可以用你的搜索引擎。用你的搜索引擎的都是专业人士，不懂科学论文就不会去搜。用户可以看论文、查资料或买专利。这些用户每年要交费。一级会员、二级会员、钻石会员和 VIP 会员，由于他们享受的服务是不一样的，所以要交的费用也是不一样的。你的业务模式是用 B2C 直接发展会员，也可以用 B2B2C 让全国代理商帮你发展会员，你给他们分成就行了。

从这个例子中，我们就能明白怎样做一款产品。当投资人问到你的产品构架和业务模式时，不是打开 PDF 让别人看，而是要讲清楚自己的产品的业务模式是什么，盈利模式是什么，产品的构架是什么。这样才能让投资人很清楚地知道你的产品究竟是什么。你要考虑到产品的 4 个维度：用什么样的路径能够让你的产品快速地到达用户，什么样的成本是最低的，怎样提高你的产品的覆盖度，怎样提升你的产品的延伸印象。做好这 4 点，你的产品就是一款优秀的产品，或者说优秀产品的雏形就具备了。

需求与解决方案

客户究竟要什么

在设计自己的产品的过程中，创业者一定要清楚用户的需求，并提出满足用户需求的解决方案，这是非常关键的一个点。

第一，用户最基本的需求是什么。我在讲商业模式时说过，创业者要找到用户需求的痛点。用户是谁？他们的痛点是什么？我以大码女装为例，大码女装解决的用户痛点就是胖女士或者比较丰满的女性买不到衣服，她们购物的途径是受到制约的。所以，我们要做的就是为这样的女性提供合适的衣服。那么，除了基本需求——让她们买到衣服外，再往下的需求就是买到她们满意、喜欢甚至定制化的衣服，让她们的身材显得更好，或者内心得到更大满足的衣服。

第二，**市场有多大**。女性服装市场每年交易额达几千亿元甚至上万亿元，这个市场是很大的。但是，这并不是属于创业者个人的。多少人在做这个市场？相关的市场究竟有多大？最终落脚点的大码女装市场有多大？创业者可能认为这个市场应该是个小众市场，因为电视上的女性大多是苗条的。其实这是个大众市场，因为生活中有很多微胖的女性。

这个市场有多大呢？我曾和广东一个传统的专门做大码女装的批发商聊天，他说："我做市场一年的净利润是 4 亿元，但这在全国连前十名都排不上。"你想这个市场多么巨大！他还只是一个传统批发商，所以我们只看到很多市场"冰山"的上面而忽视了"冰山"的下面。

第三，**行业链是怎么构成的**。这个行业的厂家是谁？谁在生产大码女装？经销商都有谁？谁在做批发？有几级经销商？产品怎么到门店？门店是什么样的门店？是专卖门店，还是综合性门店？是不是有网上销售渠道？网上是怎么卖的？线下是怎么卖的？渠道是怎么构建起来的？这都是你需要知道的。

行业发展的趋势是怎样的？未来会是怎样的？是人会越来越胖，胖女士越来越多，还是大家都开始减肥？这个行业未来的发展是厂家的供应链直接到门店，还是有模式创新（例如，定制化、C2B）打破供应链？你要分析这个行业未来的扩充需求有哪些。这就是整个需求分析。

很多创业者在做需求分析的时候，只是分析了用户有什么需求，不去了解整个市场的需求、市场的大小和整个产业链的构成和未来的发展。不看趋势，创业是很难走下去的。

福特为什么能造汽车？福特做市场调研的时候，问用户想要一种什么样的交通工具，用户说希望要一匹更快的马。当时还没有马车，用户更想不到还有汽车这种交通工具。蒸汽机的发明为创造汽车提供了可能性，它从另外一个角度满足了用户的需求。用户的真正需求是什么呢？用户的真正需求其实并不是更快的马，而是更快的速度。马车太慢，用户希望有更快的交通工具，但是不知道它是什么。所以，创业者在了解了产品的整个运作环节之后，就要做出一个非常明确的产品设计和用户需求的方案来。

🔑 定义解决方案

需求是有优先级的，创业者可以列出一堆的需求。例如，微胖女士最大的需求是买到合适的衣服，但她们还会有很多琐碎的需求，如想在最近的店里看看，不想在网上买，想去试一下衣服，试过以后合适就买；希望能定制，希望改成自己想要的样式。有需求就会有优先级，如何定义优先级呢？产品的开发不可能一哄而上，是有优先级的。先开发什么后开发什么，这些都是需要去考虑的。

技术可行性怎么样？能不能实现？经常有创业者做了一个需求解决方案，后来才发现实现不了白白浪费时间。所以说，技术可行性是一个非常重要的环节。

有没有政策和法规的风险呢？例如现在创业者要做P2P，互联网金融口已收得越来越紧，对此就要考虑做P2P会有什么法律和政策风险。任何创业都要考虑怎样规避风险。

版本如何规划？产品升级迭代 1.0、2.0、3.0，发布的路线图是怎么规划的？先发布什么？1.0 版本有哪些功能？什么时候发布 2.0？是在用户群有变化的时候吗？这些内容在开始做产品规划的时候就要规划好。我们所谓的迭代和试错，并不是说盲人摸象，而是要有完整的规划。

投资人眼中的用户需求

我从投资人的角度看创业者做的项目，形成了一些关于用户需求的判断。如图 4-3 所示。纵坐标为解决方案，横坐标为需求。图中有 4 个象限：简单需求的复杂方案，复杂需求的复杂方案，复杂需求的简单方案和简单需求的简单方案。

```
                        解决方案
                           │
        复杂需求的    │    简单需求的
        复杂方案      │    复杂方案
      ────────────────┼────────────── 需求
        复杂需求的    │    简单需求的
        简单方案      │    简单方案
                           │
```

图 4-3　4 个象限

如果创业者能够用一个简单的方案解决一个复杂的需求，这个解决方案就是优秀的。大部分人创业是用复杂的解决方案解决复杂的需求，有时候这是不可避免的。因为需求很复杂，做不出简单的解决方案，只能用复杂的方案解决。最简单的创业是开个店卖商品，如周围没有卖面包的店，就可以在那里开个卖面包的店，它解决的是周边的人买面包要跑很远的问题，这也是简单的解决方案。这种创业如今已经很少了。如果创业者能够把复杂的需求用简单的方案解决，就是非常优秀的创业者。大部分创业者是这么干的，这也是投资人眼中看到的需求解决方案。

　　创业者在满足用户需求的时候，用什么样的解决方案？如何满足人性的真实需求？这就需要上升到一个更高的层面来考虑这个问题。创业者不仅要考虑一个产品怎样满足用户的基本需求，还要看到人性背后的真实需求是什么。人性本能的需求分基本、正向、中性、阴暗4个级别，如图4-4所示。

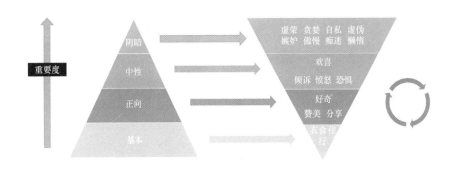

图 4-4　人性本能的需求

　　人最基本的需求是衣、食、住、行。正向的需求有好奇、赞美和分享；中性的需求有欢喜、倾诉、愤怒、恐惧；阴暗的需求有虚荣、贪婪、自私、虚伪、嫉妒和傲慢等。这些都是人性的基本需求。创业者所做的产品大多数是满足人性的基本需求的。发朋友圈是满足用户的什么需求呢？很多人发朋友圈是希望获得别人的赞美、分享，满足的是其虚荣心。所以，创业者在设计产品的过程中，要想一想用户的基本需求是什么，背后的人性需求是什么。

所有的产品设计背后都一定会有人性的需求。人性的需求不会被明确地展示出来，但是作为产品开发人员和设计人员，一定要考虑这种需求。

满足人性的最基本需求和真实需求是产品设计过程中非常关键的点。创业者要知道用户的基本需求是什么，还要知道基本需求的扩张需求是什么，还要知道用户需求背后的人性的真实需求是什么。知道了这些之后，创业者便能够制定针对性的解决方案。

优先级产品的开发和需求排行是对应的。产品总是先解决优先级比较高的需求，优先级比较低的需求往后排，但是不排除在产品设计的过程中，根据市场的反馈及时进行优先级调整。因为，市场可能会发现以前不重要的需求现在变成了重要需求了，YY、陌陌就是这样发展起来的。

在这个过程中，创业者还要考虑的一个问题是技术能不能满足需求？如果不能，就要增强技术能力，或者调低需求的优先级。例如，一个需求涉及数学模型，创业者发现现在的技术根本无法满足该需求，而研发则需要半年时间，如果等待下去，就会错过市场窗口期，那怎么办呢？可以先放下它，继续往前走，等增强了技术实力再来解决这个问题。所以，技术和解决方案是一定要对应起来的，创业者只有把这些全部想通，才能做出一个完整的有关需求和技术的解决方案。

综上所述，一个满足用户需求的完整的产品方案包括产品设计、运营、盈利模式、构架模式、用户需求、解决方案等要素。

有效的竞争分析

 ## 知己知彼，百战不殆

每个创业者在创业过程中都会遇到竞争对手，这是不可避免的，因为不存在没有竞争对手的创业项目。

我经常问创业者，对标企业是哪些？很多创业者会说没有竞争对手。我列出来好多他们的竞争对手，但他们都不知道。这就是典型的闭门造车式的创业者，当然这种创业者现在越来越少了。分析竞品这件事情说大则大，说小则小。"小"是指要做自己的产品，把自己的产品做好，让用户满意就行了；"大"是指为用户服务，最终做一款优秀的产品。

所以，创业者要了解市场的竞争格局，要知道对标企业是哪家，它走到哪一步了，甚至还要预判它未来会怎样。创业者要了解竞争对手，知道竞争对手的布局和战略是什么。这有两种情况：一种情况是创业者预判竞争情况，然后提前布局，给竞争对手一个措手不及；另一种情况是跟着做，就是对手做什么创业者就做什么。因为领头做的人一般是比较累的，跟着他跑会稍微轻松一些，等到他松懈的时候，再去弯道超过他。如果创业者明确知道自己的竞争对手和市场格局，做事情时心里就会有底，即知己知彼，百战不殆。所以，对于初创企业来说，竞争分析是必须过的一道关。

 了解市场

竞争分析有一个原则，就是创业者必须知道整个市场的发展趋势。 创业者要知道市场发展的趋势是什么，这是做竞争分析和竞品分析的关键点。创业者还要知道市场的切入点，就是要从哪里切入这个市场。创业者只有看清了市场发展的趋势才能找准切入点。例如，创业者认为 AI 是未来市场发展的趋势，对此就要去研究 AI 和某个行业的结合，如 AI+ 医疗、AI+ 企业管理、AI+ 新零售等，然后找一个切入点进入市场。当然，前提是创业者看清楚了市场发展趋势，如果趋势判断错了，那么后面就都是无用功了。

整个市场会有一些规律性的趋势，创业者要看清楚这种趋势。 例如，传统行业和互联网相结合的趋势、新零售爆发的趋势，这些趋势的发展在市场上也很明显。创业者要看清趋势，再去找市场切入点。

了解对手

创业者不但要知道自己的竞争对手是谁，还要能够发现潜在的竞争对手。这有一定的难度，因为很多人会采取封闭式开发，然后忽然上

市。竞争对手分为看得见的和看不见的。看得见的竞争对手，创业者要想办法找到他；看不见的竞争对手，创业者要通过市场预判，知道他。

在大数据时代，跨行业的竞争和产业融合越来越频繁，竞争对手有可能不是创业者所在的行业，因此了解对手就变得至关重要。

了解需求

创业者要把握需求对应的功能点和界面结构，侧面了解用户的习惯。竞争对手也会锁定产品的一个大概的用户范围，锁定的用户范围或许和你的产品的用户范围是差不多的。如共享单车，每个公司锁定的用户范围是一样的：从家到地铁，从地铁到公司。这是刚需，解决了用户"最后一公里"的问题。骑车锻炼身体或出去玩，属于扩展需求，最根本的需求是"最后一公里"的交通需求。所以，创业者会发现这样的用户群是比较集中的。

当创业者发现自己的产品用户群和竞争对手的产品用户群差不多时，就要详细了解用户的习惯，要根据用户的需求开发功能点和界面结构，这时候各自的切入点可能是不同的。虽然有些产品的用户是一样的，但是它们的切入点和界面设计是完全不一样的。它们会从用户的某一个点切入，这个点是它们认为可以打动用户的一个点，但覆盖的用户群是一样的。

了解对方的产品

了解对方的产品，创业者可以变成对方产品的用户，去下载产品或者使用产品，然后去体验。

怎样去做产品的竞品分析呢？

第一，战略层。创业者要看自己的竞品定位和用户需求。创业者做产品的时候，要先要考虑产品定位和用户需求，了解对方的时候也要看战略层，即产品定位和用户需求。对方的产品是怎么定位的？创业者的产品定位和用户需求与对方的要有一些差异。例如，某一款共享单车，开始投入市场的时候是在大学里投放的。商家想从大学生切入，认为大学生上下课、出去玩都有需求。他们没有自行车，自己买自行车又容易被偷，所以用共享单车比较好。另外一款共享单车的商家则认为上下班是它的用户需求，所以就会在地铁站多放一些，解决地铁站到办公区和地铁站到住宅区之间的交通问题。这里的产品定位和用户需求会有一点儿差异，但没有根本性的差异，即满足"最后一公里"这个需求没有变，慢慢地两个商家就会融合，因为最后需要通过规模化在市场竞争中胜出。

第二，功能的范围。创业者要研究竞品和自己的产品功能有什么不同，结构层信息构架是怎么做的。我们曾经分析了两款社交软件，在交互分析做出来后发现（因为涉及竞争对手，我们用 A 和 B 来表示），A 的交互设计要比 B 的交互设计简单一些，用户使用起来更方便。但用户体验时，很多细节可能是看不到的，因为用户不会一下用到所有的功能。我们把所有功能打开之后，发现还是有些区别的，A 产品在技术投入和交互设计方面下的功夫比 B 产品更大一些。A 产品对整个交互设计和信息构架做了一些优化；B 产品的视觉设计比 A 产品好一些，从表面上看很炫，视觉感很强，可视化程度很高。做一个让所有人都满意的产品是很难的，有的产品经理更重视交互式设计，有的产品经理可能更注重视觉设计，所以他们就走了不同的道路。

第三，商业模式，这部分内容我已经讲过了，这里不再赘述。

第四，用户习惯和消费体验。创业者在分析竞争对手时，要分析其用户体验、行为习惯和消费体验。怎样贴合用户行为、消费体验和情感价值传播的元素，这是创业者要关注的一个核心点。

用户习惯分为两种：一种是现有的用户习惯，如用户在使用传统设备时，形成了一种习惯，那么创新的设备是不是符合用户原来的习惯，让用户习惯得到延展？另一种是创新的用户习惯。

我们仍以共享单车为例，共享单车的用户习惯有两种。一种是原来的用户习惯。原来的用户习惯在骑车的时候拿个钥匙把锁开了，走的时候用钥匙锁上车。共享单车不可能给每人一把钥匙，所以它就变成扫码获得密码。谁用车就给谁一个密码，和用钥匙一样，走的时候再锁上车。这就是延展用户习惯。另一种是共享单车创新的用户习惯，如你扫一下车上的二维码，锁就开了，就可以骑走。骑完以后你把它锁上离开，骑行自动就结束了。

大家觉得哪个好呢？这要看用户习惯的延展性，如果新的用户习惯让大家很快就能够接受，那么大家就会喜欢新的用户习惯，旧的用户习惯就会被淘汰；如果新的用户习惯很难被用户接受，推广起来就会很慢。

这是战略层面的问题，创业者要想清楚是做用户习惯的延展，还是做用户习惯的创新。

用户习惯影响着消费体验。用户原来的体验是怎样的？现在的体验是怎样的？例如，在淘宝上买衣服，以前我们只能看一看尺码，现在我们可以在淘宝上的一些线上体验店试衣服。往那儿一站，我们选的衣服可以穿到身上，可以看到效果，这时候再选择购买或者不购买。这样用户习惯和消费体验就更进一步了，但这里的困难是如何做到随时随地满足用户需求。

第五，延伸服务。用户在使用服务之后，有没有对延伸服务的需求？延伸服务能不能给用户带来价值？延伸服务是不是能够盈利？如我们投资了一家叫作"小蹄大做"的企业，它是做餐饮业 O2O 的，现在做得还不错。用户食用的单品就是烤猪蹄，那是它的一款爆品。"小蹄大做"靠爆品在全国开了数百家店，但这个单品绝对不是它所有利润的来源，只靠这个单品它是没办法做延伸服务的。它必须做延伸服务，要有其他产品的配套，让产品线变得丰富一些。

爆品是引流的产品，其他产品是带来利润的核心产品。所以说需要有服务福利引导，创业者要用这种价值体现使延伸服务更长更多一些。

第六，功能拆分。竞争分析中的功能拆分是指创业者需要不断地拆分自己的产品功能。

一个产品的功能设计其实是有很多层面的。例如，付费。产品内容里面有付费的内容，也有免费的内容。得到是一个内容现象级的产品，它里面有免费内容和付费内容。免费内容是什么？免费内容占了多大的比例？付费内容是什么？付费内容占了多大的比例？用户究竟是在免费内容活跃区，还是在付费内容活跃区？这些都只有经过测试才能知道。我们比较一下得到和喜马拉雅，就会发现喜马拉雅的免费内容数量远远超过付费内容。为什么呢？因为喜马拉雅一开始就是一个免费频道。它的盈利模式一开始就是广告，是增值服务，它的付费内容其实是很少的；而得到刚开始就是一个付费内容的平台，所以它的付费内容非常多，免费内容非常少。因此，它们的区别非常大。现在喜马拉雅免费的内容非常多，它要转付费内容，难度就在于以前用户的消费习惯是在这里听免费的课，现在让用户在这个平台上付费，这个转化过程会比较漫长，因为需要改变用户习惯和消费体验；而得到一上来培养的就是用户的付费习惯，它积累的用户（基本用户）就是付费用户，它也有一些免费的课程，是为了吸引用户更多地了解产品。所以，得到和喜马拉雅完全是两种不同的核心价值体验和功能的拆分，它们之间竞争的差异性从根本上就存在。

付费和免费都会产生非常高的活跃度。在 App 时代，我们经常会用日活、月活来体现产品的活跃度，但这种活跃度是一个伪命题。从价值体验上来说，能够给顾客创造价值，最后能获取利润，这是商业模式的核心。那么，怎么获得付费用户呢？付费用户的活跃度并不一定体现在日活、月活上。如某个读书会，一年收费 300 多元，用户不是每天都听书的，因为它一周才更新一次，这个活跃度就是周活跃度。这类用户虽然每周上线听一次书，但是他们是付费的忠实用户。因此，我们并不能说日活跃度不强的平台不好。有些平台是免费的，每天都有很多人，而它的付费内容却没有人看。如某平台的免费用户有几千万，但付费用户的转化率连 0.01% 都不到。为什么会这样呢？因为大家认为它本就是个免费平台，所以一旦有收费内容就不想接受。虽然平台的日活跃度很高，但是它很难创造价值，很难创造盈利点，所以这种活跃度是一个伪命题。

付费平台是以付费为切入点的，所以就不能用日活、月活这种活跃度来衡量它，而是可以用产品黏性、关注度等来衡量。

因此，我们一定要清楚自己的优势在哪里，然后再对竞品做细致的分析，在产品上突出自己的核心竞争力。

CHAPTER 5
第五章

营销的制胜之道

营销是方法论，对创业企业来说营销是有难度的。创业者在了解了用户需求、商业模式等之后，接下来怎么做营销？这章内容旨在帮助大家理解营销，而不是追求营销行为的极致。

社交货币

社交货币是营销的第一个关键点，也是移动互联网时代营销的基础。简单来说，社交货币就是与他人沟通时的谈资。如果一款产品和服务具备社交货币的属性，那么这款产品就便于传播。所以说，社交货币对产品的营销很重要。

打造社交货币的原则有以下几个。

原则一：具有内在吸引力

什么是内在吸引力？这里的内在吸引力就是产品有价值。有价值的产品才会被传播。假如"微笑可以让人年轻"这个观点是正确的，你把它告诉别人，很多人愿意传播，那么它就具有内在价值，所以在互联网上传播最多的就是所谓的"干货"。例如，腾讯内部管理的三原则、小米的扁平化管理，这些内容特别容易被传播，就是因为它们具备社交货币的内在吸引力。"如何让冰箱里没有异味""只要这样做就可以让你家没有蟑螂"等类似的话题为什么会被疯狂地传播？因为它们有内在吸引力。因此，建立社交货币的第一个原则就是要有内在吸引力。

原则二：利用杠杆原理

在日常生活中，我们可以看到几乎任何组织和商场在客户消费时都有积分这种形式。有积分就会有排名，大家对排名的兴趣非常高。积一定的分就变成金卡会员，然后就变成钻石会员。钻石会员和金卡会员享受的服务是不一样的，这样就促使客户不断地努力增加积分和提高排名。人们是很难拒绝排名和积分带来的这种类似于杠杆原理的诱惑的。

原则三：营造归属感

会员制是目前我们常见的营销手段，越来越多的平台在使用这种营销方式。只有被邀请的人才可以成为会员，只有会员才可以享受高层次的服务，如有些产品或服务只有会员才可以购买或享受。这就是我们所说的，使会员客户感觉大家是自家人。会员是一种具有共性的身份符号，会员制就如同家庭式的社会关系，所有的会员就像一家人，有一种类似亲情维系的归属感。

所有的营销都是在这三个原则上展开的。

诱因

制造诱因的原则是采用易于理解的思想和观点。举个例子，地产商如何宣传自己所建的建筑是法式别墅呢？最好的方法是，在法式别墅中播放法国音乐，所有的服务人员都穿法式服装，再给客户倒法国的红酒、展示有关法国的图片。在这种环境中，客户购买法式别墅的欲望会更强，很容易就能认同商家为他们构建出来的这种营销环境。上述所体现出来的内容就属于易于理解的思想和观点。

 ## 周围环境

在一个餐厅里，若老板希望顾客多吃蔬菜、不要浪费，那么把标语贴在餐厅外面就不如写在盘子上，因为顾客每吃一口菜就会看到这个提示，周围环境的刺激，会影响他们的思想和观点。大家会在环境的刺激下做出一些相应的行为。

 ## 口碑

良好的口碑有利于产品的传播，因为大家愿意传播口碑好的产品。

可视化

优秀的产品都会有一个可视化的特点，如我们想到麦当劳，脑海中出现的一定是大写的"M"而且是黄颜色的。可视化就是我们一想到某个品牌，立刻就能想到它的特点甚至是颜色。

情绪

人类的情绪可以分为很多种。积极的高唤醒情绪有敬畏、消遣、兴奋、幽默；积极的低唤醒情绪有满足等；消极的高唤醒情绪有生气、担

忧；消极的低唤醒情绪有悲伤等。人们会传播什么样的情绪呢？高唤醒的积极情绪是最容易被传播的；最不容易被传播的是消极的低唤醒情绪。网上的一些段子很容易被传播，就是因为它们很幽默，具有高唤醒的情绪特征。

因此，创业者在进行营销的时候，一定要考虑设计一款具有积极的高唤醒情绪的产品，只有这样才能振奋人心，产品也才能得到广泛的传播。如果创业者设计的产品是低唤醒情绪的，而且是消极的，那么这种产品就很难被传播。网上有很多"大号"，每天发表的文章阅读量都超过 10 万，它主要的情绪就是消遣和幽默。不少人认为自己是高票房电影《哪吒》的精神股东，就不断地刷票房、转发和它相关的消息，为什么呢？因为他们的情绪被调动起来了。

总结一下，社交货币是进行产品和服务营销最重要的工具，能否为产品铸造一个社交货币非常重要，所以我在和创业者交流的过程中，或者在辅导创业者的过程中会告诉他们，做营销首先要铸造一个社交货币，然后去宣传。宣传的诱因有很多，如利用环境的影响；讲一个浅显易懂的道理；树立一个口碑；形成可视化的包装，让大家想到你的产品或服务时，马上就会有印象，等等。

我一直对营销这件事情非常认可，当然前提是要有好的产品，这是很关键的。有了好的产品、好的商业模式，接下来营销就变得非常重要了。

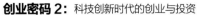

使用价值

在推广产品和服务时，创业者要告诉客户它的使用价值是什么。例如，《创业密码》这本书59元，网上打折出售，8折左右，约50元。读者可以买这本书，同时还可以扫码关注我的社群，可以在里面提问题，得到和我互动的机会，这就是这本书的使用价值。读者看了这本书，还会获得其他使用价值，这就会让读者觉得不一样。

创业者一定要创造产品的使用价值，而且这种使用价值具有延伸价值。例如，我们用iPhone手机发信息或邮件时，文字最后都会追加一句话：来自××的iPhone。为什么会有这句话呢？这就是iPhone的使用价值的体现，这句话等于给它做了个广告。这就是苹果公司为iPhone做的营销。

会讲故事的产品

创业者在做营销的时候，一定要想办法讲一个和产品相关的故事。这个故事非常重要，因为故事是最容易被传播的，而且故事是营销的集大成者。现在很多选秀栏目的选手为了让导师和观众记住他们，都会讲一个故事。故事往往是这样的：他们以前命运很悲惨，悲惨到几乎家里人不会对他们有任何帮助，他们基本上干什么都不行，然后遇到一件事让他们做出了改变，到最后超出了所有人的预期……

为什么他们会这么说呢？不管是真是假，作为一个故事，这件事情的确是特别能够让人记住的，而且这件事情特别容易被传播。营销也是如此，讲故事很重要。大家知道，一款普通的劳力士手表卖几万元，那它一定比石英手表走得准吗？不一定。为什么劳力士手表成了奢侈品呢？因为它讲了一个故事。什么故事呢？每个劳力士手表都是匠人手工打造的，机芯都不是机器磨的，是手工磨的。它的制表工艺传承了几百年，连细小的陀螺和零部件都是手工精密打造的。一个手表就像一个缩小的机器，每个手表只有被精细雕琢后才会出售。这会让戴表的人觉得自己戴的是奢侈品，而不是看时间的工具。当手表成为一个人身份和地位的象征时，它的价格自然就高了。

同样的道理，在做任何一个产品时，创业者都可以讲一个故事。讲好一个故事，把产品和服务包装在故事里面，是营销最终能够超越别人的关键。因此，几乎所有的互联网品牌，在做一些视频广告或其他推广活动时，都会讲一个故事，在故事里植入自己的产品，让故事和产品相结合，把用户带入这个故事。

让客户牢记的创意

如何让别人记住自己的创意呢？这是我们都会问自己的一个问题，因为要做营销就一定要有创意。创意能够让别人记得住，这样产品才能得到推广。能让客户牢记的创意应该具有以下几个特点。

第一，简约。 创意不能太复杂。可口可乐瓶子的设计、颜色和包装，让人看一眼就能记住，因为它的创意非常简约，这点很重要。

第二，意外。 人们能够记住意外的东西。很多营销故事和片段里面都有意外的事情，会出现意外的惊喜。例如，你打开门发现有人送你花，这是个意外。原来是一个花店的老板记住了你的生日，然后在你生日的时候送花给你。

第三，具体。 创意一定要具体落实到某一件事情上。如你要送花给别人，你要出一本书送给别人，这些都是具体的表现形式。

要讲有创意的故事，不能讲一个很虚的故事。创意不能落实到一个具体的事件上，那就有问题。

第四，可信。 创意一定要有可信度，因为最终消费者是要购买产品和服务的。如果产品和服务不可信的话，就会很难销售，而营销推广是和销售相关的。

第五，情感。故事能不能打动别人在于有没有情感，要让别人觉得你的创意是富有情感的。我之前看过一个家政服务公司做的营销推广，特别受感动。它讲了家政服务员怎么照顾老人，照顾一个家庭，带给人温暖的故事，让人看了后觉得很有代入感，觉得它的服务很温馨，是在和观众进行情感交流。

在营销和销售过程中，产品故事一旦饱含情感，就更容易获得别人的深度认可。故事是集大成者，最终的营销全部要形成一个故事，这个故事要让别人记住，易于传播，这是所有的营销都要做的。

怎样讲一个完整的营销故事，才能使产品和服务让别人记得住呢？创意要想让别人记得住有个原则：不能把所有的东西都包含进去。例如，创意可信、有情感；或不断地创造意外，能带给大家一些惊喜；或每个创意都非常简单。创意一定要包含这些点中的某些点，但不是全部包含，只要有其中的一点或几点就可以了。这些创意结合在一起，就能形成一个完整的能让别人记住的营销故事。

很多创业者希望自己有营销团队，由营销团队负责营销，这个观点是不正确的。就营销这件事情来说，在初创企业创业行为便是营销。什么叫创业行为？就是大家一起完成营销这件事情，而不是交给某个人或部门。对于初创企业来说，一定要把营销上升到企业层面，这样才能做好。简单来说，营销不是只有营销团队去做，要上升到创业层面，用创业的整体力量去做，这样才能把营销做好。

黏住用户

黏住用户是指通过营销让用户对你的产品和服务感兴趣。如何黏住用户，是一个值得研究的重要课题。《黏住》这本书专门讲如何黏住客户，出版以来一直受读者喜爱。

怎样黏住用户呢？上文讲过怎样让别人记住创意，黏住用户其实也是和它相关的。有位读书会的创始人讲过一个故事：一位销售人员出去发展会员时，到一个面馆吃面，发现老板娘在打自己的孩子。他走过去和老板娘说："你不能这样教育孩子，这是不对的。"老板娘就向他抱怨孩子不听话，没什么好办法。销售人员说他有办法，他说："我们读书会有很多教育孩子的文章和读书的内容，我播放一下给您听。"于是，他就给老板娘播放了一个怎样教育孩子、怎样和孩子相处的内容。老板娘一听不错，说还真是有新的办法。销售人员说会员 ×× 元一年，老板娘爽快地说加入……

每个环节都是可以做营销的。创业者在设计每个营销环节的时候，一定要考虑它的具体内容是不是可信的、是不是能打动人，最后要形成故事黏住用户。

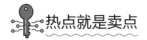

热点就是卖点

互联网营销还有很多内容，如学会利用热点。我经常对我投资的项目的领导者说："在拿到 A 轮投资之前，不要花钱做广告，我不能看到你的预算里面有广告费用。"还有很多创业者在融资方案里写：30% 的钱用来发展团队，30% 的钱用来做广告推广。这么做我是不赞同的，为什么呢？因为在 A 轮融资之前，公司基本上是在验证和进行小规模测试，花钱做市场没有任何价值。但这时候也得做营销，那怎么办呢？利用热点就是一个较好的办法，因为热点事件自带流量。例如，电影《哪吒》是一个热点，创业者就可以考虑将营销文章和营销点与它关联，如果能关联，它就会自带流量帮你宣传。

有个公司做了一款白酒（和国外的那种长条酒瓶是不一样的），外观有点像打火机，设计得还比较有创意。设计人员认为"80 后"应该喝这样的酒，因为可以装在口袋里、很方便携带。这个公司是初创公司，营销该怎么做呢？这个公司的人全都是营销高手，其实他们是把我讲的一些营销方法都用到极致的人，所以基本上他们的营销没花钱。他们的第一个营销方案就是利用罗永浩的锤子手机在北京展览馆开发布会这个机会做宣传。罗永浩是个热点人物，他的"粉丝"非常多，听说他要在北京展览馆开产品发布会，成千上万的"粉丝"都去了。这个公司的人便穿了印有锤子手机标志的 T 恤，印了锤子手机的宣传册，站在发布会的门口，进来一个人，就发一本宣传册。大家都以为他们是锤子手机的工作人员，但是拿到宣传册后翻开一看，里面不是锤子手机的内容，而是那款白酒的内容。宣传册里面有一段很煽情的话："你上当了，这个不是锤子手机的广告，但是我们也是锤子手机的'粉丝'，我们希望为年轻人创造一种新兴白酒，希望得到您的支持。"在利用热点的时候，这款白酒公司的人让人感觉到他们像自己人一样——"我们也是锤子手机的粉丝，希望你喜欢它的时候也同样喜欢我们的产品，然后帮一下我们。"这样大家就有可能在心理上接受这款产品了。他们的第一次营销事件就是这么做的，之后便迅速地获取了大量的基础用户和"粉丝"。

利用热点营销是一种特别重要的营销手段，几乎所有的公众号产品和服务都会追热点。当一个热点出现时，很多人会根据热点来写很多文章。但是利用热点做传播是一把双刃剑：一方面它可以借助热点流量，另一方面也可能会"砍伤"自己。为什么这么说呢？因为热点事件出现的时候，创业者得表明态度。当热点出来的时候，创业者还不知道社会的主流情绪是怎样的。如果社会的主流情绪偏向创业者，乘势而为就会有利；如果偏向相反的方向，创业者就会被打击，并直接影响到创业者的产品和品牌。

这是利用热点事件营销的时候特别要注意的。但是不管怎么说，利用热点事件营销仍是一种重要的方式。对于创业者来说，没有太多的钱做营销，利用热点事件的确是一个节省成本的营销方式。这就要求创业者必须知道热点在哪里。因为热点每天都在涌动，要看自己站在什么角度，需要让谁更愿意接受你。所以利用热点事件的时候，创业者要注意角度问题，要分辨哪些热点可以利用哪些不可以利用。

KOL的重要性

KOL（关键意见领袖）在互联网营销过程中的重要性越来越大，大多数人愿意接受意见领袖的建议。看看抖音、火山 App 上的达人就知道意见领袖在社群推广中有多重要，这也是很多产品用明星代言的原因。找一个明星代言一款洗发水，会让人觉得某某明星都用，那自己是不是也可以考虑用呢？因为用户心里可能想的不是这款产品，而是某某明星的样子。明星代言就像 KOL 在社群中做产品推广。在移动互联网时代，KOL 可以充分利用移动互联网的传播优势扩大他们的影响力，而他们的传播覆盖面越广，他们在营销和传播中就变得越来越重要。但是创业者需要注意的是，KOL 一定要与产品和服务匹配。

如果你找了一个明星推广一款产品，而这个明星的个人属性和他平时的行为举止与你这款产品之间没有紧密的连接，那他的代言或者他的传播就很难具备可传播性，因为用户无法把该明星和产品相结合。所以说要找到和产品的结合度很高的 KOL，这点非常重要。

电商中的买手其实也可以叫 KOL。许多电商平台是买手制的，这些买手其实就变成了小 KOL，他们根据自己的眼光购买产品，然后放在平台上卖。他们能够代表小众人群的喜爱，所以他们不是大众行为的 KOL。当这种小众行为的 KOL 越聚越多的时候，就能形成一个平台，此时也就可以借助平台的优势来推广你的产品了。

CHAPTER 6

第六章

创业团队管理

团队之合伙创业

人在一起是团伙，心在一起是团队。

团队合伙创业这个话题其实是非常大的。作为投资人，我们考察项目时要看两个方面：一是方向，二是团队。方向是指是不是有一个可靠的商业模式，未来有没有发展的机会，市场机会怎样；团队是指是不是有完善、完整的团队。早期的项目基本上是由几页 PPT 和几个人组成的，这时候投资者就要判断是不是要投资，这是难度很大的一件事情。我大概是从 2010 年开始做早期投资的，投资的项目已有数百个。从这些项目中可以看得出来，在发展过程中，团队是特别重要的。

在我们投资的项目中存在一些问题，这些问题基本上集中在团队和合伙人上，所以团队和合伙人也是我们评判项目的关键点。

"两个披萨"理论

要让创始团队尽可能小，如果两个比萨都喂不饱一个团队，那就说明它太大了。

——杰夫·贝佐斯

"两个披萨"理论是由亚马逊的创始人杰夫·贝佐斯提出来的。初创团队在做一件事情的时候，团队的规模不需要非常庞大，但一定要足够精致，只有这样才可以做到没有太多层级的扁平化管理，每个创始人都可以和团队成员一起冲在一线。一旦团队成员过多，就不得不分层分级管理，就必须有中层、管理制度和管理细节，这会导致工作效率受到影响。总而言之，初创团队要尽可能地精炼、高效，要能够快速做出反应和决策，这样才能突显创业公司的团队特色。当然，我们不能认为"小"就是只能有一个人，一个人不能叫作团队。

# 团队组成

一个团队（这里所指的团队都是创始团队）究竟应该由什么样的人构成呢？我认为团队中应有 4 个角色，但这并不是说这个团队就是 4 个人，因为有些岗位是可以兼任的。例如，公司的领导者同时也负责产品运营，这是没问题的，但是这些岗位是必须要有的。

第一个角色是公司的 CEO，即团队的领导者，这个角色很重要。他负责为团队把握发展方向。初创企业在决策过程中面临的问题往往不是四选一，而是二选一。那么，为团队的发展方向做出决策就是领导者必须具备的能力。我之前讲过创业者应目标高远，具备意志坚定的心态，有很强的学习能力和高度敏感的商业嗅觉。CEO 是团队的领导者，也是团队中最大股份的持有者，他必须和公司的利益一致，心态、能力和商业嗅觉都是必须具备的。

说到团队领导者，大家一定会想到马云、马化腾这样的企业 CEO，他们在企业发展的关键时刻做出了正确的决策。我们在阿里巴巴官方拍

的一段 55 分钟左右的纪录片中可以看到，阿里巴巴在很多关键点上其实是很危险的，但它都走过来了。原因就是这个团队的领导者总是能预判行业发展趋势，并决定团队往哪个方向走。这就需要能力很强的领导者以及执行力也很强的团队，不去质疑，坚定地走下去。领导者如果不能得到团队的信任，那么他便是存在问题的。一个团队的领导者一定要具备一种领袖的气质。从投资的角度来说，我们希望投资给领导者，而不是管理者。管理者属于执行层面的人，领导者才是决定方向的人，这很重要。

第二个角色是 CTO，也就是技术负责人，负责把想法通过技术手段实现。阿里巴巴从 2009 年就开始做阿里云，当时王坚博士负责，他提了很多想法去实现它。由于花费了大量资金，公司绝大多数的人反对。大部分人反对的理由是这个项目投这么多钱没有什么用处。但现在看阿里巴巴，真正在国际竞争中有技术核心战略意义的就是阿里云了。当时马云排除其他人的反对意见，全力支持 CTO，才有机会把阿里云做到中国第一。

团队领导者很重要，同样地，一个能够通过技术手段把企业的想法实现的人也很重要。如果技术层面实现不了，那之前的工作就白做了，所以说负责技术实现的人非常重要。一些人在做产品开发的时候，想法很多、设计得很好，但是最后没有技术来实现，这些工作就全都停留在了想法层面。所有的产品都需要进入市场让客户去买单并使用，这样在使用环节就可能出现技术问题，所以技术相当重要。

第三个角色是产品经理，他是负责产品呈现的。我之前讲过产品为王，产品经理非常重要。任何一个创业公司都必须有一个产品经理，而且产品经理的第一人选是 CEO，第二人选就是团队的其他合伙人。

第四个角色是行业专家。 以服装行业为例，为什么现在大量的服装企业消失了？因为传统的服装产业是这样做事情的：今年就要把明年所有要卖的款式全部设计出来，怎么设计取决于设计师和企业家对明年趋势的判断。春、夏、秋、冬款全部设计完，在招商阶段经销商就要把下一年所有设计的款式全部买回去，摆在店里销售。假设预测对了明年的流行趋势，产品卖得很好就没问题，经销商盈利就会继续进货；但如果预测错了，经销商就卖不出去，只能把货压在手里，就没有钱进下一年的货。厂家最后要么是把货收回来，变成库存，要么是允许经销商降价销售，这些对品牌和产品口碑都会造成很大的冲击。2016 年的统计数据显示，中国现有的服装库存足够当下所有人再穿 17 年，服装存量过剩造成了大量的传统服装厂家规模萎缩甚至倒闭。

那么，移动互联网时代来临，服装厂家创新的做法是什么呢？它们采用了一种 C2B 做法，也叫柔性供应链。柔性供应链是厂家根据客户的需求，快速反应，然后进行生产，而不是那种提前生产好的方式。这样当库存周转率提高 1% 或者再高一点儿时，厂家就能够大幅度降低成本，提高效率。

如何了解深层次的供应链问题呢？这就需要团队里有一个行业专家，他要了解"冰山"下面的深层次的东西，更深地理解供应链。例如，白酒营销。当营销做得太好，前端卖断货的时候，如果不懂后端的供应链，就会导致严重的缺货问题。所以，在这样的情况下必须停下来，把后端供应链解决了才能往前冲。否则，同类替代品缺失，对品牌也会有很大的负面影响。

所以，一个团队需要有对企业趋势做出正确预判的领导者，需要有能够把想法通过技术手段实现的技术负责人，需要有知道用户的需求、能够设计出产品的产品经理，也需要有对行业有深入了解的行业专家，这 4 个角色是一个初创团队必须具备的。这 4 个角色中的两三个角色可以由同一个人担任，如一个人可以既是团队的领导者，也是这个行业的行业专家，同时也是产品经理。但是，如果一个人同时兼任了这 4 个角色，那是存在风险的。投资人不太可能投资一个人创业的项目。

京东 CEO 刘强东，在分享他的用人观时，曾表示每次招聘一个高管，该高管就必须接受这样的目标：在一年之内带出来一个可以取代他的人。这个目标的完成与否计入其年终考核，如果带不出一个能够取代自己的人，那么考核是不通过的，该高管就会被淘汰。这种做法的潜在内涵就是，不能在每个环节都把"宝"只押在一个人身上。初创团队也是这样，我希望企业是一个团队组合共同努力的结果，而不是个人行为的创业，这是团队成功的一个关键点。

五级团队成员

团队的成员由五级构成，级别越高越好。下面我们看看这五级具体是怎么分的，这种分级方法来自吉姆·柯林斯的《从优秀到卓越》，如

图 6-1 所示。

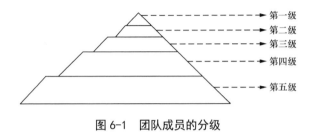

图 6-1 团队成员的分级

　　五级团队的成员构成如下。第一级是能力突出的个人，这是我们最容易找到的人。第二级是乐于奉献和协作、有团队合作意识的人。这一级的人愿意与别人协作，愿意把自己的一些核心内容拿出来与别人分享。他们是愿意奉献、以公司利益为主的人。第三级是能力超强、富有理性精神和科学管理精神的人。同时，这一级的人能够做到不冲动并以公司利益为驱动力，有能力解决问题。第四级是可遇不可求的人。这一级的人必须具备强有力的领导力，还要具有挑战精神、追求卓越以及具有眼前利益和长远利益相结合的大局观。他们能够将理想和现实相结合，这点非常重要。他们其实已经是很优秀的合伙人了，在企业发展过程中遇到这样的人是很难得的。第五级是最好的领导者，也就是公司利益至上的人。顶级的领导者不仅是公司利益至上，还有着坚定的意志、谦逊的个性。

　　什么是有坚定的意志呢？就是目标高远，坚信一定能够成功，意志坚定，且最终能够成功。马云说："今天很痛苦，明天会更痛苦，后天会很美好。"虽然明天晚上不一定能过得去，但后天会很美好。创业者要坚信后天很美好，但是也一定要直面现在的艰难处境，要能抗得过去今天。当整个团队的方向面临问题的时候，创业者要能够坚持创业。

在关键时候，具有坚定的意志、谦逊的个性的第五级领导者，往往会兼顾往外看和往内看两个方面。当公司出现问题的时候，他一定会往内看，看自己是不是有什么问题。当公司发展得非常好的时候，他一定会往外看。他一定会说这些成就都是团队的功劳，会表彰优秀的人，他不会认为这些事情是自己一个人的功劳。对一个五级领导者来说，能够做到这一点，就是非常优秀的领导者，这种人创业是一定会成功的。

吓走投资人的团队

大家经常问我这样的问题："你希望投资什么样的团队呢？"我会回答，我希望投资有领导者的团队、执行力强的团队、学习能力强的团队、协同性好的团队、团结的团队、有奉献精神的团队等。大家会很茫然地说："这要怎么去判断呢？"

我们通过很多项目总结出了一套新的判断模式，这就是反过来看我们不会投资的团队。如果团队有以下这些问题，那么就不属于我们投资的范围。我之前讲过做早期项目投资就看两方面：一方面是方向，方向指的是被投资项目是不是有可靠的商业模式，是不是有未来，是不是让大家感觉到该项目未来能够给大家创造价值等；另一方面就是团队，看团队是不是一个完善、完整的团队，是不是一个与项目相配合的团队。大家可以拿这些指标与自己的团队做比较。

没有领导者的团队

什么是没有领导者的团队呢？就是这个团队没有拍板的人。团队的领导者和管理者是两个概念。领导者是负责指引团队方向和对团队的发展方向拍板的人；管理者是执行的人。例如，我们想到领导者就一定会想到马云、王健林这样的企业家。

一个企业领导者的厉害之处是，他一定能够在关键时候体现出他的强大力量。一个团队的领导者决策错了怎么办呢？一次错、两次错是有可能的，但多次错就说明他不适合做领导者。对于一个团队来说，有人拍板是很重要的，如果没有人拍板，一个团队就会出现没有人做决策的情况：要么是大家在一块商量商量，结果就是没结果；要么就是商量不到一块去，结果不欢而散。每个人都想做决定，都认为自己说得对，任何人都没办法去说服别人。

对于一个初创公司来说，无休止的争论是很浪费时间的。讨论问题一定要在一个时间范围内，要快速做出决策。因为初创公司的项目在发展阶段是没有那么多时间去争论的，只能快速做决策。

领导者就是拍板的人。如果团队领导者不能拍板，或者团队没有领导者，那么我们就不会投资这个团队。当然领导者拍板得正确与否是另外一个话题，我们希望找到能够正确拍板的领导者。领导者是一个团队的灵魂人物和核心，没有领导者团队走不下去。

不要和陌生人一起创业

我经常问团队成员互相是怎么认识的。有的会回答："我俩是网友，认识两个月，我们觉得挺好的，然后一起来做这个项目。"这种团队极有可能走不下去，为什么呢？我们看那些成功的团队，他们的成员大多是同事、朋友、发小、老乡、同学甚至夫妻等关系。为什么这些人构成的团队持续的时间长呢？因为这些人经过了磨合。磨合这件事情特别重要，一个创业公司最重要的事情是快速决策和往前走。因为市场不等人，企业要应付市场的挑战，不能内耗。如果团队成员没有磨合好，就会因为磨合而内耗。团队成员才认识两个月就开始创业，规划挺好的，但是一起工作后就会发现很多问题，如性格不合、观念不同，甚至互相看不起等。这时候如果要继续做的话，就必须先磨合。磨合会遇到很多问题，磨合成功了还好，磨合不成功就会消耗时间。特别是互联网创业企业，6～9个月就会遇到一个坎，能过去这个坎就能继续发展，过不去的话基本上就会被淘汰或者就在这个阶段一直耗着。我希望大家在找创业伙伴的时候，一定要从熟悉的人、认识的人，而且世界观相同的人中去找。

新东方的合伙人"分手"也是在公司上市之后，"铁三角"的故事还被拍成了电影《中国合伙人》。他们3个人以前是同学，经历过很多风雨，最后走向成功。成功之后才各干各的，这是非常好的一种创业模式。我希望创业者能够找到合适的合伙人，找不熟悉的人创业的风险非常大。

🔑 背景过于接近的团队

不要认为3个人全是学技术的，或者3个人全是做营销的，创业就一定会成功。团队成员背景过于接近，会造成团队出现短板。

我们把整个创业或者项目的发展过程分为3个阶段：第一个阶段是初创期，第二个阶段是成长期，第三个阶段是成熟期。对于初创期来说，木桶原理的特征特别明显。所谓木桶原理就是最短的那个板会影响木桶的装水量，我希望初创期团队的板要足够整齐，不要有一个板短缺。如果团队中的几个人专业背景相近，那么很可能会产生短板，这对初创项目的发展是特别不利的。到了成长期，突出的是长板原理，也叫紫牛战略，就是一堆牛里面有一个紫色的牛，与众不同。成长期的时候，要把那块长板发挥到极致，让这个长板能够比别人都强。成熟期讲的是情怀，在成熟期讲故事时不要讲产品多么优秀、多么好。例如，农夫山泉刚开始做广告的时候说农夫山泉有点儿甜，这是在讲产品，但它变成大企业的时候就不再这么讲了。它会讲什么呢？它会讲公益、爱心和情怀。它希望能够用情怀和情感来感动消费者，这是完全不同的3个阶段。

如果团队成员都是技术专业的，那么通常会出现市场敏感度不高的问题，产品商业化不够。如果团队成员都是营销专业的，就可能会忽视产品的升级换代。

兼职过多的团队

团队兼职成员过多是大多数初创企业会遇到的问题。我们往往会看到一份 BP 里列出了好多团队成员,有专家、教授、BAT 出来的高管等。我们问融资者成员的情况时,他说这些全都是兼职的,只有他一个人是全职的;问那些人什么时候可以全职,回答则是等钱到了他们就来了。这种情况基本上是拿不到钱的。兼职成员过多说明什么呢?说明大家都不看好你。你画了一张饼,讲了一个故事,大家都不看好。我经常开玩笑说:"一个人在某个大公司月薪 2 万元,到你这里月薪 18000 元,然后给 20% 股权,他并不是创业,这和以前没多大的区别。"所以说,创业这件事情一定要放弃一些东西,然后再去追求另外一些东西。团队里面兼职成员过多,便无法让团队对项目未来的发展有信心。

还是以阿里巴巴的故事为例。阿里巴巴"十八罗汉"创业时每个人月薪 500 元,在车库里奋斗了 3 年。他们为什么愿意做这个事情?后来发不出工资了,这些团队成员还把自己的钱拿出来借给马云发工资,这是为什么呢?因为信任。他们认为这件事情一定能成功,愿意去尝试和奉献,觉得这条路的方向是对的。

对于创始人来说,不能有成员先兼职这种心态,更不能招只想兼职的人。这并不是说团队里就一定不能有兼职成员,因为有些做技术的兼职成员是必要的。这里要说的是如果团队的核心成员都是兼职的,那么这个创业项目基本上不可能成功。

年龄差的问题

核心团队成员（这里指的是有股权的创始团队成员）的年龄差不要超过 10 岁。因为团队成员的年龄差超过 10 岁后就会有代沟，代沟的影响是非常大的。代沟是一个世界观问题，不是对错的问题。设想一下你和你的长辈一起创业的情景，花费时间去互相说服，却没有任何用处，因为这里没有对错问题。如果你和核心团队成员有这种年龄差，每天将需要花大量的时间去给他讲你的世界观，而且你还可能没办法说服他。最终你们无法形成一个一致的思路去做事情。

普通员工是执行层面的，只要适合工作岗位就行，但核心成员不一样，创业者得让核心成员与你一块往前走，他们的理念和思路与你的不一样也是正常的，这时候没什么对错，只不过是大家世界观不同而已。

总结起来，吓走投资人的团队有以下几个特点。

一是没有领导者。一个公司没有领导者，工作明显做不下去。

二是贸然和不熟悉的人一起创业。和不熟悉的人一起创业，一定要考虑磨合导致的内耗问题。

三是团队成员的背景过于接近。团队成员的背景应该是互补的，木桶原理对于初创团队来说非常重要。

四是团队兼职人员过多。基础的全职创业成员必须有，兼职成员不能太多，否则很难开展工作。

五是核心团队成员的年龄差不要超过 10 岁。核心团队成员年龄差超过 10 岁就会有代沟，代沟会使沟通和交流成本非常高。

对于初创团队来说，快速往前发展，应付市场的变化是最重要的，因此，不能在核心团队的组建方面出现问题。

团队的管理与建设

团队是公司最大的资产

公司最大的资产是什么呢？答案是团队。一个公司的团队决定了公司未来的价值，所以我们一定要重视整个团队的建设。

团队建设有很多环节，我国很多公司更倾向于用机制、用人情世故来进行团队管理；国外的优秀公司更希望用人文、用团队文化来管理团队。人情世故和人文是两回事，我国有很深的文化积淀，但这个文化积淀在企业管理过程中用得不多。国外大多数公司会创新一套适合自己公司的文化。这就是国内与国外企业管理的区别。企业文化是让普通人达到非凡成就的助推器。我国的企业更多地强调要让优秀的人在一起，这没问题。我们也希望找到能力更强的人，但是这可能会导致忽略对普通人的培养、对自己员工的培养。阿里巴巴的"十八罗汉"最后都成了非常优秀的创业者，靠的是什么呢？是培养，而不仅仅是本身的优秀。我们可以想象阿里巴巴当时招人的境况：当时的阿里巴巴并不是知名公司，而像那些在美国上市的公司，它们才是当时的优秀毕业生的第一选择。可以说，团队和企业文化的重要性，远远超过了个人优秀的重要性，普通人在一个优秀的团队里也能进步。

构架明确

构架的关键是什么？那就是谁在什么位置、负责什么工作等，这类问题一定要明确。初创企业的管理在这方面是模糊的，而模糊的原因可能是人少。架构可以相对模糊，但不能明确某人是什么级别，因为在初创企业里可能每个人要干多个岗位的工作，所以只需要明确他负责的工作。例如，我是负责市场的，市场方面的工作就归我管。这个一定要明确，不能干什么工作都行。

明确了构架之后，就要明确工作的职责。这里需要强调的是，不允许两个人的工作职责有交叉。两个人同时负责一件事的结果就是这件事没有人管。集体领导就等于没有领导，不允许有模糊的领域。我负责这件事，你负责那件事，出了问题大家都清楚地知道谁应该承担责任，也清楚取得的成绩是谁取得的，这样一个人的责任和义务就非常明确了。

组织构架怎么设立是很有讲究的，我提倡的构架设立原则就是问责制。例如，一个重要的目标，能实现或不能实现都要有人负责任，如果没有实现这个目标，那么必须为后果负责任；如果实现了这个目标，则应要为成功受褒奖。

目标清晰

团队的领导不是决定怎么爬梯子的人，而是决定把梯子搭在哪面墙上的人。创业者在带团队的过程中可能会遇到这样的问题——布置了一个任务，员工问："领导我该怎么办？"领导跟员工沟通了半天，结果员工干不了这件事，最后领导变成了"爬梯子的人"。"不会爬梯子"是员工的问题，如果领导替员工爬梯子，这个事情就没法做了。现在很多团队遇到的问题是领导在爬梯子，而员工在看着。

团队的目标应该非常清晰而且要量化，如爬梯子要爬几格。如果不行就要换人，而不是领导替员工爬。目标不清晰的团队不可能走对方向。很多创业者的目标是定性的而非定量的，这就存在很大的问题。例如，今年的目标是打破销售的最好成绩纪录，这个目标就没什么用。一定要定量；如果不定量，这个目标就没有任何考核的价值。总之判断一个员工的目标是否清晰，要看员工是否知道他做了一定量的工作后能得到超出期望的评价和晋升，如果不知道就表示这个员工的目标不清晰。

奖罚分明

工作上的事只有两个结果：完成和没完成。一个成熟的公司一定是结果导向型的。如果没完成，领导者需要知道的是损失如何、有没有弥补的办法、需要什么帮助，而不是具体的过程。

只有赏罚分明才能在执行过程中发现优秀人才。完成任务的人升级，没完成任务的人被淘汰。这样最后留下的人才是公司的核心骨干。

扁平化管理与过程控制

团队管理还有两个重要的原则：扁平化管理和过程控制。将一个大项目分割成多个时间点进行检查可以有效地规避风险。对于一个大项目来说，不进行过程控制的话很有可能会失败。例如，一个项目3个月完成，你就不能在布置完任务的3个月后再检查大家完成与否，一定要把这个项目分解为第一个月、第二个月、第三个月各做到什么程度。一个月又分成第一个星期、第二个星期、第三个星期、第四个星期，甚至通过每个星期的周几来控制项目达到哪一个阶段，如果没有完成，要采取相应的补救措施。

谷歌、亚马逊这样的公司规模已经很大了，但它们依然采用扁平化项目小组式管理方式。它们的管理是自下而上的而不是自上而下的。每个团队都知道自己在做什么，每个小组都有自己完整的考核和控制流程，而管理者只是在关键节点上提供帮助和把握流程。团队领导者并不需要了解团队的每个人每天都在做什么，但是领导者需要有了解的能力，这样才能在团队出问题的时候掌握第一手资料；而团队成员知道自己做的事情可能会被领导看到，其工作效率也会有提高。扁平化管理使员工可以直接找到能拍板的人，使整个团队的效率提高，工作节奏变快。初创团队人员本来就很少，不涉及扁平化问题，但是当团队规模逐渐大的时候，就会有经理、总监等职务，此时就要考虑扁平化和过程控制。

消除团队管理负能量

团队中的负能量往往会冲垮一个团队的士气，因为在团队中传播最快的不是那些积极的信息，而是让人消极、倦怠的信息。员工离开一个团队的原因往往不是工资发得不够或上班距离太远，而是这个团队里有很多人让他不痛快，让他觉得心里不爽，在这个公司他感到压抑。所以，规避或减少在团队管理和建设中可能产生的负能量是非常重要的。

抱怨： 抱怨是最有杀伤力的负能量行为。我们把团队里爱抱怨的人称为"团队里的祥林嫂"，这类爱抱怨的人的心理素质是相对较差的。太乐观的人和太悲观的人是两个极端，爱抱怨的人偏悲观。遇到一件事，乐观的人会想着如何解决，悲观的人会把这件事的负面因素放大，然后进行传播，在抱怨的过程中产生快感，这种杀伤力对团队来说是极大的。如果企业里有这样的员工，我建议直接辞退，没有任何商量的余地，因为这种人是无法改变的。我们在招聘时一般会问应聘者：为什么会从上一家公司离职？如果他说这个公司很差，所有人都对他不好，在公司里待不下去，那么我不建议录用他，因为公司给他再好的条件他也会抱怨。抱怨是一个公司里最大的负能量来源，处理爱抱怨的员工的唯一办法是辞退。当然，我们要把员工通过正常途径给公司提建议和抱怨区分开，不能认为团队成员只要说一句公司的不好就是抱怨。

消极：有一种团队成员不抱怨但是工作消极。工作消极将导致团队动摇军心，这对团队非常不利，当大家都在为目标奋斗时，这些人都在传递消极情绪。一个优秀的团队里有消极状态的员工必须非常少，要尽可能地把消极员工转变成积极员工，但实在转变不过来就要请他离开。

浮躁：人需要时间去学习和历练，只有学会忍耐才不会浮躁。

冷漠：冷漠是办公室的冷暴力，也是没有集体观念的表现。

自卑：总觉得自己什么都不行，这种心态需要改变。

嫉妒：嫉妒他人的人总是不愿意提高自己，却又不愿接受他人比自己强的现实。

多疑：总觉得别人在背后议论自己，这种心态会导致团队不和睦。

不像抱怨和消极工作，员工的其他负面情绪对公司的发展影响相对较小，但对公司的和谐和个人的成长影响是非常大的。公司要尽量帮助有这些情绪的人，使他们融入集体，满怀热情地投入工作。

初创公司的人才招聘

对于初创公司来说，招聘是一件非常重要的事情，因为仅靠一个人无法打造优秀的公司，所以创始人必须舍得花时间和精力寻找优秀的伙伴。严格选人、用人、育人并留人，对公司与个人都很重要，这就要求创业公司在招聘时要准确定位，应该把人力资源管理提升到组织管理的首位。这就需要各级人力资源管理者切实做到"最出色的人力资源管理者，既是牧师，又是父母"。这句话出自杰克·韦尔奇的《赢》。对于创业公司来说，人力资源管理者就是创始人自己。

在准备招聘员工之前需要考虑以下这几个问题：在接下来的 3～6 个月里，是否需要招聘员工？是否支付得起员工的薪酬？

一家初创公司应该根据当下的发展匹配员工，因为招聘员工本身是一件费时费力的事情。

创业公司招聘员工有许多途径，最好的途径是熟人介绍。因为初创公司的名气不大，不论是打广告，还是通过招聘平台发布招聘信息，都很难吸引应聘者。熟人的介绍，可能会有比较好的背书。熟人或朋友的介绍，是创业公司招聘的常用方式。

4个维度的人

创业公司的人员招聘要理性，不要太理想化，要招聘有以下 4 个维度的人。

解决问题能力强的人：要招解决问题能力强的人，而不是招没有缺点的人。怎样招到解决问题能力强的人呢？例如，你要招一个销售经理，你可以问他："你认为销售经理最重要的素质是什么？如果你是领导，当你聘任一位销售经理以后，希望他怎么做？"通过这个问题判断他解决问题能力的强弱。我们应该看应聘者的能力，而不是看他是否存在缺点。

热情的人：热情的员工会使整个团队团结、充满正能量、做事效率高。团队里这样的员工越多，对公司的健康、快速发展就越有利。

稻盛和夫把人分为三类：第一类是自燃型，这类人不用管，他自己就会好好干；第二类是助燃型，通过鼓励和奖励就能够激发其潜能；第三类是阻燃型，这类人很难被调动和感染。有很多人属于阻燃型，给多少钱办多少事，并美其名曰职业。阻燃型的人往往会因为对自己的薪资不满而不断退步。如果你发现某个员工是阻燃型的人，一定要以最快的速度解除与他的合约，不然他的负能量可能会影响整个部门。

愿意花时间投入工作的人：俗话说，在哪里投入时间和精力，就会在哪里开花结果。在某些领域做出成绩的人，都是花了一定时间在那些领域的人。只有那些把工作转化成毕生的信念，带着使命感，把一件事做到极致的人，才能成就伟大的事业。

乔布斯曾说过：成就一番伟业的唯一途径就是热爱自己的事业。如果你想做成一件事，就要对它十分热爱。那些把工作当成一种负担、一种交换的人，一旦自认为生活被工作填满，就很难坚持下去。

愿意花时间投入学习的人：学习是打破自己的天花板、提升自身格局的唯一路径。那些愿意花时间投入学习的员工，往往都成长得相当快。

🔑 团队招聘的关键点

招聘中的关键点如下。

（1）把事情交给能独立解决问题的人而不是提出问题的人。

（2）把人培养成能解决问题的人而不是能提出问题的人。

（3）辞退只能提出问题，但是无法解决问题的人。

创业公司在招聘的时候不要关心与员工成长无关的问题，不必把公司描绘得特别好，真正应该关心的是，员工在公司是否能够得到成长。因为到创业公司应聘的人，一定更关心自己能够学到什么，能得到什么样的成长，如果单纯为了福利就不会来创业公司了。

创业公司招聘时工资待遇怎么谈？

创业公司本身就没有多少钱，在招聘时往往不知道怎么谈工资，尤其应聘者又是熟人（这很正常，创业公司早期的团队成员大部分是身边的朋友）。如果应聘者不好意思要求工资，一开始说不要钱，后来说够交房租就行，再后来又嫌给得少，这就很尴尬了。这种问题的责任在创始人。正确的做法是先定岗位，再定工资。明确了岗位职责，明确了成长目标，工资就好定了（待遇和职责相对应）。

如果应聘者的期望薪资比较高（公司目前负担不起），但你认为其潜力非常大，非常想把他留下来，那就可以给他除了钱以外的待遇，甚至比钱更有意义的东西，如更多做事的权力，给他公司的期权，帮助他树立明确的成长目标，把他的成长和公司的成长紧密地联系在一起等。

初创公司的团队管理

初创公司各方面并没有完全走入正轨，所以初创公司怎么做管理，是令每个初创公司尤其是第一次成功融资的初创公司特别头疼的一个问题。究竟是应该像大公司那样建构先进的管理机制，还是应该有一套自己的管理模式，这是一个值得思考的问题。因为从来没有人讲过初创公司和创业公司的管理，大家讲的都是成熟的公司的管理。大家可能更多地认为管理问题是大公司才会遇到的，其实初创公司也会遇到管理问题，而且细节问题还不少，所以这里专门讲一下初创公司怎么进行管理。

先方向，后细节

我认为初创公司管理的核心原则是先方向，后细节。因为对于初创公司来说，方向正确是第一位的。初创公司要有一个正确的发展方向，管理的细节要放在确定方向之后。

一家被我们投资的公司拿到钱以后，创始人（在国外大公司工作过）做了管理制度给我看，内容有什么时候打卡、各种奖惩机制、迟到一次扣多少钱，甚至连员工的产假都已经规定好了。我问他这些是从哪里学来的？他说这是参考了世界500强公司的管理制度做的。我说："你们公司8个人，弄这么多管理细节没必要。如果你去管理，你管理的成本会有多高呢？"我带的团队创客总部和创客共赢基金，现在每天都不需要打卡。虽然我们公司也不小了，但是我们是目标导向制的，每个人都有自己的工作任务和考核目标。对于一个投资经理来说，最重要的工作就是一个月做多少个项目，见了多少位项目领导者，有多少项目推到领导层进行投决，最后被投资了多少项目。这些都是一个投资经理的相关业绩，如果这些工作完成不了，却天天来公司打卡，对公司又有什么用呢？

方向大于管理细节，这是我想强调的。虽然我讲了初创公司的管理，但是我要告诉创业者的是方向更重要。确定发展方向是初创公司最重要的事情，管理细节要放在后面。

 只做三件事

对于初创公司来说，我认为管理只做三件事。

第一件事是人盯人，抓好进度和质量。初创公司的人本来就很少，所以一定要做到人盯人。每个创始人都要做到人盯人，每个员工也要做到被人盯，结果就是人人都有人盯，也就是要做到每件事情、每个人都有一个反馈的人，抓好进度和质量。

不要布置任务。总经理—经理—员工，甚至中间还有个总监，这样层层布置任务根本没有什么效率。初创公司最好、最高效的工作方法就是人盯人，控制好项目进度和流程，实行目标管理、过程控制，每个人都要对项目的质量负责。

第二件事是每日交流，加强业务辅导和感情沟通。我们知道，员工或创业者到创业公司工作，更多的是抱着学习的态度，或者更希望通过创业公司的人文关怀、层级设置让自己的能力有很大的提高。

我参加过北京广播电台的一期职场类节目，当时有四五个职场新人来录节目，他们大部分在创业公司工作。我问他们为什么要到创业公司

工作，他们的理由五花八门，但还是有一些在创业公司工作的共同原因的。例如，他们觉得创业公司的文化氛围非常好，大家非常团结，在一起可以进行感情交流，工作起来很带劲！ 还有在创业公司能学到很多东西，创始人直接教新人，有时候会给新人很多工作机会。虽然工作有压力，但是在工作的过程中自己各方面的能力会得到不断提升，这对于刚毕业的人来说非常重要。再如，原来某个人是做设计的，在大公司可能天天就在电脑上画图，现在在创业公司做设计，就得从创意开始做，既做创意又做设计，最后还得做交付，甚至还得做推广，这是对其全方位能力的锻炼。这种锻炼对一个职场新人的工作能力的提高是非常有利的。

因此，当初创公司的求职者都有这种需求时，创始人在管理时就要做好业务的辅导和感情交流，这个时候沟通就很重要了。创始人或者主管能不能做好业务辅导，让求职者有学习的机会是很重要的。大家都是为了共同创业和能够在小环境下更和谐、更协调地工作来的，这时候管理者要加强感情沟通。这就是管理的细节。

第三件事是阶段性成果及时庆祝。对于一个初创公司来说，正面的激励非常关键，公司向上发展的好办法就是尽量不要批评、打击，要多鼓励、庆祝。公司的创始人必须经常找一些点，即阶段性成果，如融到钱了、新产品上市了、公司搬家了或者签了一个大单，庆祝一下。但是，这种阶段性成果在一年内只能用几次。

大家在一起欢乐庆祝，然后互相鼓舞士气，是非常重要的，而且这会让大家更愿意为团队付出，努力工作。

管理工具

初创公司的管理中有一些细节化的东西，如沟通工具。下面是有关沟通工具的一张表格（沟通计划表），希望大家能把表 6-1 记下来。

表 6-1　沟通计划

沟通对象	希望传达的信息	期望达到的结果	沟通渠道（面谈 / 会议 / 邮件）	沟通时间	负责人

初创企业中的沟通往往很粗犷，没有员工成长的过程记录。管理者与员工沟通时，要做好沟通记录，以便日后查看员工是否有进步，也要让员工能够直接看到记录。这就是沟通工具。

大家可以把表 6-1 清楚地记下来，因为大一些的公司就不用这种表了，它们会用内部的管理工具。那种管理工具有很多表格，可以一层一层地管理，并将信息记录下来，效果会更好。初创公司没必要用那么复杂的内部管理工具，用表 6-1 会比较清晰，每个人的记录都能保存下来。年度总结的时候，可以把这些资料打印出来给员工看，让员工看到自己是怎么成长的：沟通了哪些问题，这一年内沟通过多少次，学习进步了多少。这也是很好的职业成长过程记录。

我们再看行动计划的表格，它实际上是项目管理的复盘。这个表格有以下几项内容：问题描述、建议的解决方案、期待的结果，以及目标的量化、实施变革的负责人、检查结果的时间，如表 6-2 所示。

表 6-2　行动计划

问题描述	建议的解决方案	期望的结果／目标（量化）	实施变革负责人	检查结果的时间	资源需求／备注
1.					
2.					
3.					
……					

行动计划是初创公司在做项目时必须做的。例如，客户投诉产品在交互方面有问题，原因可能是交互的流程非常缓慢，也可能是交互的时间非常长，或者交互的效果不太好。我们的建议或解决方案则可能是换一种语言开发。

如果要使计划达到期望的结果，就必须量化目标，即需要明确在什么时间点完成这项工作，完成到什么程度。

项目的负责人是一个人还是一个团队，什么时候有结果，这都要明确。例如，某个问题可能需要一个月解决，但是它的时间节点必须是周，即每周要达到一个阶段性的目标；最终做到什么程度、需要什么资源也要明确。例如，这个问题的负责人是产品负责人，但还需要设计部门的支持，因为需要重新设计页面；还需要技术部门的支持，因为涉及一些技术部门的数据库开发；还有一些需求是团队满足不了的，需要外包，需要资源匹配……这就是一个完整的行动计划。

我们按照行动计划做成一个管理表格来进行考核：最终是否完成了

计划，如果只完成了其中的一部分，那么没有完成的部分需要做另外一个行动计划；如果事实证明这个行动计划是错误的，那就必须放弃这个计划；若只是部分目标是不正确的，我们就放弃不正确的部分，并附上放弃的原因进行说明。总之，坚持按照行动计划工作一定会有收获。

很多初创公司的创始人在初创阶段看大量管理类的书籍，然后学到很多管理经验，后来发现都没用，这会导致创始人陷入迷茫。所以，在明确公司应该朝哪个方向走之后，在管理细节上要注意这几个关键点：不相关的不要去做，如绩效考核、KPI 设置，在公司初创阶段要尽量简化管理。首先做最重要的事情，这样创业者才能够快速地通过初创期。当公司的人越来越多时，就要开始做细节管理；需要在哪个阶段塑造公司的品牌、打造公司的形象以及实现公司的愿景和完成任务，就在哪个阶段引入相应的优秀的管理人才，让他们带领大家做完工作。当创始人的能力不足以做这件事情的时候，就需要引入有管理经验的人来做这件事情。但是，在初创阶段，原则还是先方向后管理细节，大家记住这个就不会犯错误。

初创公司如何设置股权

对于一个初创公司来说，股权的设置是非常重要的。初创公司所有的创始人的利益和在公司的话语权，以及发展过程中对公司控制权的分配会直接影响公司的整体发展。现实中，很多初创公司的股权设置都有问题，创始人对股权设置是有疑问的。

股权设置的关键点

第一个关键点是应该预留股权可调整的空间。创业者在设置股权的时候，容易把股权全部划分完，也就是说几个创始人一起把 100% 的股权划分完，这就会产生很多问题。例如，在公司发展的过程中，如果没有预留股权，那么在引入新人或者在调整股权的时候就没有空间了。股权在公司初创阶段是非常容易确定的，如 4 个人合伙创业，每人占 25%，非常容易。但是，在公司发展的过程中，由于投资人的介入，或者其他的一些因素会造成股权被分散和稀释。在股权分散之后，如果需要继续为预留股权调整空间就很难了，这会成为阻碍公司发展的关键因素。因此，在刚开始把预留的股权调整好，为未来的空降兵或股权调整留下一些空间，这对于初创公司的股权分配是非常有利的。

第二个关键点是坦然地面对利益的分配。早期项目其实是没有什么利益可分配的，大家拿到了股权，相对应地也承担了对公司的责任，而利益只有在公司赢利的情况下才会实现。因此，我们经常开玩笑说，很多公司创始人可以共患难，但是没办法共享荣华富贵，就是因为分配利益的时候，大家开始算计了。

为了避免在利益分配的时候出现一些不和谐的因素，我的建议是在刚开始的时候，就把利益分配机制定得非常清楚，也就是说大家先确定好怎么分配利益。所以，初创公司在一开始就需要把股权和对应的利益分配都协调好，取得大家的认可，这是创始团队必须做的一件事。

第三个关键点是预防和处理中途退出的情况。所有的创业者在刚开始创业的时候，都不能确定是否能够随着公司长久地往下走。创业过程中会出现很多问题，如个人健康问题。我们投资的一家公司就出现过这样的情况，这家公司中途停止了发展，因为一个创始人的身体出了问题，被迫退出了公司，而他又是核心创始人，最终这个公司没办法继续运作。

创始人的家庭出现问题或者身体出现问题，或者创始人的其他方面出现一些无法预测的问题，造成他必须中途退出，或者他不愿意干了，要中途退出，怎么办呢？创业者必须在股权设置的早期就考虑到这些问题，而且要有相应的解决方案，例如，期权设置、时间兑现等。

这里推荐一种股权分配方式。我要强调一下，这种股权分配的方式只适合于初创公司。初创公司股权分配好了，未来再进行股权调整就会非常顺利。我推荐的这种分配的方式是：创始股权 30%，期权 40%，激励股权 30%。

下面具体分析怎样对初创公司的股权进行划分。

首先是 30% 的创始股权。假设有 3 个联合创始人 A、B、C，这 3 个联合创始人先分掉公司的 30% 股权。当然并非是平均分配，可能 A 是大股东，他分了 20%，B 和 C 每人分 5%，加起来等于 30%。40% 期权留下来，先不分。可以成立一家有限合伙公司，让它持有这 40% 的期权。为什么要公司化呢？后面会讲，如果是个人持有期权，在未来表决或转让的时候会有很大的问题，所以这40%的期权最好放在一个公司里，由公司持有，甚至这个公司有可能也是由A、B、C这3个人共同成立的，在这个公司里再去划分其他的期权。30%的激励股权也是属于A、B、C这3个人的，但是先不划分。什么时候分呢？由3个创始人设定一个分配的时间节点或者事件节点。我认为一般情况下，这30%的激励股权的分配时间不要超过半年，因为如果时间隔得太久就没有意义了。当然你还可以设定一些其他的划分时间点，如产品发布上线、第一轮融资成功或者第一个订单签署等。不同公司的情况不一样，所以可以自由设定划分时间点，但是一定要留激励股权。

为什么要这么做呢？这是因为要避免在刚开始划分股权的时候，3个创始人一下把它分完了。不留激励股权，在工作了一段时间以后会发现，前期分配不是特别合理，但这时候再去改变它就很难了，因为股权划分情况已经在工商注册时标明了。避免出现这种情况的方案就是预留一部分激励股权，可以设定一个时间点，在那个时间点进行激励股权分配。那时候3个人的贡献已经很清楚了，这30%的激励股权怎么分配，大家坐下来商量，通常能商量出一个好的结果来。

上面就是我认可的一种分配方式，里面有几个细节：比例只是我的推荐，并不是一个标准化的比例，大家可以3个人先分40%，20%作为激励股权，40%作为期权；或者先分50%，期权只留20%，还有30%作为激励股权，这都没有什么问题。希望这种模式能够帮到初创公司。

期权为什么要放在一家公司呢？期权的设立是为未来其他进入公司

的人准备的，因为不可能只靠 3 个人把公司做到上市，公司需要招聘一些优秀的或者在某个阶段更适合的人进来，而不给新人股权肯定是不合理的。给这些新人的最好是期权，把它放到期权公司里的好处就在于，期权公司在母公司里是有投票表决权的。期权公司有人进来也会有人出去，干得不好的人被辞退了，有人回购他的股权，不会影响母公司的股权变动。如果把这些期权全放到母公司里，需要经常做变更，这就很麻烦了。随着投资人越来越多，股东越来越多，每次变更期权都要好几十个人的签字，这个成本非常高，而且如果出现问题就更不好办了。所以，初创公司要尽量把与主营业务、创始股东不相干的一些后加入的人的股权都放在期权池里，这样便于后续的管理和维护。

股权设置的误区

初创公司的股权设置通常有以下几个误区。

第一个误区是平均分配股权。例如，有 A、B、C 3 个股东，分配的方式是每人 1/3，那这个方式就有问题。问题在于公司没有决策者。决策者是要拍板做决策的。他凭什么拍板？因为他是公司大股东，在法律上有拍板做决策的权力。所以，如果平均分配股权，实际上还是集体决策，每件事情都需要超过两个人同意才可以。公司内部和谐、民主是一件好事，但是对初创公司来说并不好。

初创公司如果没有一个控股的大股东，在拍板做决策的过程中就会出问题，决策过程会很慢，因为大家每天都要讨论，或者要争取大多数人的意见。其实，只有在公司发展到一定阶段的时候，才需要集体决策，或者需要董事会的管理。这样能够更规范，避免做出一些盲目的决策，影响公司的发展。但对于初创公司来说不是这样的，它需要快速做决策，这时候需要"个人英雄主义"，需要创始人决定公司怎么发展。所以，平均分配股权对于初创公司来说不是一个好的机制。

第二个误区是外部投资者所占的比例过多。公司究竟是创始人的还是投资人的呢？创始人要回答这个问题。作为投资人，我们一直认可：一个公司的大股东是创始人，而不是投资人。当投资人变成大股东的时候，造成的问题往往是效率下降。因为对于创始人来说，他可能会有打工者的心态，他想自己反正是小股东，不用担负太大责任，这样就会缺乏主人翁意识和主人翁精神。这对于创业公司来说，肯定不好。

很多创始人在融资时想一次融一大笔钱："我要融××钱，出让20%或30%的股权。"但是，创始人一定也想过，一次出让20%或30%的股权，造成的后果就是融资两三次以后，公司就不是创始人的，而是投资人的了。当投资人成为大股东，并开始插手公司的决策时，公司的发展就会出问题。

这种投资人成为大股东的公司构架是特别需要规避的。创始人在与投资人谈的时候，如果希望投资的公司并购，也就是做好了被并购然后套现或打工的准备，那么可以让投资人成为大股东；如果创始人决定还是要做公司的决策者，那就要尽量避免让外部的投资人成为大股东。

第三个误区是没有提前制定合理的股份退出机制。创业者开始时都想着怎么把公司做大，然后上市，很少人在刚开始创业时就想到如果有分歧怎么办，有人要退出怎么办。事实上这些事情是每个公司在发展过程中都会遇到的，一直走到最后的合伙人很少，因此一定要在刚开始就设置一个合理的股权退出机制。例如，签一个协议，说明这些股权在什么时间、以什么方式去兑现；如果要退出，约束退出的价格是多少，在什么时间内退出的价格是多少，等等。

或者创始人由于自身问题退出了，是不是有一些强制性的股权收回政策。这些要提前设计好，这方面一般需要专业的法律人士帮忙。

收回股权

收回股权有以下几种方式。

第一种是回购。回购就是把股权买回来。协议约束收回，就是大家签署一个协议，规定股权如何收回。如 A、B、C 3 个人，在创业的时候就签了一个协议：在一年内，要退出这个公司，就把本金收回，股权还给公司；如果没有出钱，那就把股权无条件还给公司，由其他两个股东重新分配。

签这种协议的目的是约束创业公司的创始股东。但这个协议肯定是有期限的，不能永远有效。所以，协议约束收回一定要设置限制。

第二种是未来赎回。未来赎回就是按照协议，可以退出，但是股权需在未来按照约定的时间和价格赎回，而不是马上赎回。这样可以避免退出人未来漫天要价，因为有协议约束不能涨价。这也是避免公司出现动荡的一种方式。

第三种是代持。有时候，为了不影响公司继续发展，股权由某个股东转给另外一个股东代持。他们之间是协商，内部做一个交易，可能这个交易当时不能完成，未来上市并被并购才能完成。他们可以先把这个协议履行了，先代持。例如，C 的股权给 B 代持，B 名义上拥有了 C 的股权和发言权。但这只能阶段性地解决内部股权的问题，因为股权代表了很多，如投票权、收益权、在董事会的席位等，所以将这部分股权用代持的方式先收回来。

第四种是收益权和投票权分离。大公司发展了一段时间之后，前几种收回股权的方式都不再合适，而且如果一个人对公司贡献很大，他要离开可能是有不得不离开的原因，这时候怎么办呢？在其他方式都不太合适的情况下，可以保留他的收益权。例如，C 走了，可以保留他的收益，保证其股份所有权，并且使其仍享有股东的权益，参与分红，但是没有投票权。C 把投票权转给公司或者转给其他股东，但这个一定是在大家都同意的情况下进行的，也就是说 C 不再有表决权了。当股东开会的时候，虽然 C 有 10% 的股份，但是这个股份代表的投票权已经转给别人了。但是，C 还是 10% 的股份的股东，还有 10% 的分红权，分红的时候依然要分给 C。这就是收益权和投票权分离。在阿里巴巴、腾讯、搜狐这样的大公司，很多收益权和投票权都是分离的。例如，有些投资人投钱，他只是财务投资，只参与分红，不参与管理，他把管理权力都委托给创始团队，或者委托给另外一个股东代表，这些都是经常出现的情况。创始股东在融资时对投资人提出这样的要求，可以避免在融资过程中由于不断地融资造成创始股东的股权稀释太多。

股权设置的法律风险

我们要学会评估股权结构设置的法律风险。股权过分集中或过分平均分散，会出现什么问题？

例如，有 A、B、C 3 个股东，A 占了 95% 的股份，B 和 C 共占了 5% 的股份，这其实是非常有风险的。由一个人决定很多事情，如果他不干了，这个公司就倒闭了。这种分配方式没有调动其他人的积极性，这对公司的长远发展不利。这就是股权过于集中的风险。

股份过于分散，就会没人做决策，员工会互相推脱责任。

还有一种比较特殊的情况，就是夫妻股东。中国的法律规定婚后产生的所有资产都归夫妻共有，所以夫妻其实就变成了一个共同的法律风险的主体。

这样的情况很多，我们看到的是显性的，但有很多是隐性的。通常夫妻中一位在台前，另一位在幕后。但是不管他在不在台前，他都是共有财产的持有者。如果他们之间出现问题，就有可能造成公司的大变故，所以这也是要考虑到的风险。

隐名出资引发的法律风险在我国很常见。有些人由于种种原因，不能实名出现在股东的名单里，就采取隐名出现的方式，让别人代持。代持分两种：一种是让这个公司的显名股东来代持，另一种是他让亲戚出现在显名股东名单里。

这两种代持方式不一样，但这两种代持方式都有风险，因为中国的法律只认可工商注册的股东。如果你是一个隐名股东，或者你的股权是被代持的，在法律上的界定就是模糊的，很多时候代持协议是不被认可的。特别是在公司上市时，它会要求把代持协议全部去掉，都变成公开的，或者把股东都显示出来，这样有些人没办法显名，此时就会出现一些法律风险。这对公司有影响，对隐名的股东也有影响。所以，投资者要考虑在投资一个公司的时候，以什么样的形式出现。当然也可以先代持，上市之前退出，不再持有股份。

初创公司的股权设置是一个很重要的问题，是一个对于初创公司及初创其所有创始人来说都非常重要的问题。如果初创公司的股权设置得合理，在接下来的发展过程中，公司就会少走一些弯路，发展也会更加顺畅。

创业密码 2

CHAPTER 7

第七章

成功融资的法宝

如何撰写 BP

撰写 BP 是创业者必须过的坎，是必须经历的一个阶段。创业者如果不写 BP，就没办法与投资人交流，没办法告诉投资人自己在做什么。因为只要创业者去融资，投资人肯定会说："把你的 BP 发给我。"

如何写 BP？BP 如何吸引投资人？BP 的内容包括哪些方面？我们经常看到这样的创业者，洋洋洒洒地写了一大篇文章，阐述自己的梦想和想法。讲情怀是很好的，但是从严格意义上来说，BP 其实是有规范的。

从投资人的角度来说，我们会看什么样的 BP，或者我们认为什么样的 BP 更适合创业者表达自己的想法和商业模式，后面我会详细讲述。

另外，我也想告诉创业者写 BP 的技巧、诀窍，帮助创业者提升自己撰写 BP 的水平，提高融资成功的概率。

BP 是对自己的商业模式的仔细梳理，为什么这么说呢？因为 BP 除了给投资人看以外，更多的还是给自己看。很多创业者其实是没有对自己的商业模式进行仔细梳理的。仔细梳理就是认认真真地去想究竟要干一件什么事，这个事应该怎么办，未来是什么样子，要做成一个什么样的公司，和谁来做这件事情……很多创业者没有仔细想清楚，只是因为冲动而去创业。当别人问他相关问题的时候，他很茫然，这是不应该的。所以，在创业的第一阶段，创业者不管融不融资，都要先写 BP，这是对自己尊重或负责任的一个态度。写好 BP 是每个创业者必须经历的一课，也是非常重要的一课。

🔑 撰写BP的核心点

BP 的第一页要先写清楚做什么，就是需要用一段简短的文字来说明要做一件什么事。这里面最好有公司特色、目标客户等，这是用来定位的。例如，你做了一件什么事，或者你开发了一款什么产品，这款产品是为哪些客户开发的，这款产品有什么特色，要用一段简短的文字阐述得非常清晰。这其实是一件非常考验能力的事情。

我经常在考察项目的时候问创业者是做什么的。这时候一些创业者会花很长时间讲很多内容，但是讲不清楚在做什么。这是不行的，其实这个能力是可以锻炼的，就是需要学会总结，用一段话来总结自己的公司究竟是做什么的，使命和愿景是什么。我教给大家一个办法：你可以找一些听众听你讲，用一段简短的文字表述一下公司是做什么的。如果你的听众听完以后还不明白你是做什么的，就说明你的总结有问题。你的总结要让陌生的听众听完后，知道你是做什么的。如你是为企业提供 SaaS 服务的，你是卖矿泉水的，你是为孕妇提供抗辐射产品的，等等。因此 BP 的第一页就是要写这么一段话，让你的投资人或者你的听众知道你是干什么的，这是关键。

接下来写什么呢？接下来要写为什么去做该项目。做这件事情总要有个理由，为什么做其实就是做需求分析，告诉投资人或其他听众切入的市场有多大。不是一个市场的容量越大，和该市场相关的项目就越好。什么意思呢？就是不一定创业者描述的市场需求容量大，投资人就能投资。在分析市场容量时，明确市场需求更重要。创业者可能找的是小众需求，市场的需求容量不大，但是能在市场中占据很主动的位置，或者有核心竞争力能很快做到这个细分市场的前列。因为，切开市场之后，市场的容量可以扩大。例如，服装项目的创业者说："因为中国每年服装市场有上万亿的需求，所以我做这个就很好。"其实，就算是上万亿的市场，也不一定和你相关，这只是一个概念。你还不如明确地告诉大家，你们专门为胖女士提供服装和导购服务，这还更吸引人一些。

讲完需求分析以后，要讲为什么你们能做好这件事。市场有需求就会有很多人去做，为什么你们能做好这件事呢？这时候就要讲团队特色，要告诉投资人，你们团队有什么特色，你们能做这个项目的原因。例如，你们团队有比别的团队强的方面，你们几个人在这个行业做了很长时间，等等。

我讲团队的建设时说过，一个完整的创始团队必须有 CEO、CTO、产品经理，还必须有行业专家。你要告诉大家，你们对这个行业很熟悉，所以你们有信心做好这件事，你们比其他团队强。这就是在 BP 里阐述团队特色的原因，你要证明你们能做好这个项目。

接下来要写如何做，就是做预测。你得告诉别人，你准备怎么做：建立团队以后，多长时间开发出第一版产品；做市场调研和开发种子用户，多长时间能获得多少用户，然后如何复制等。如何做，这个问题投资人也会问细节，如你们擅长在线上做还是更擅长在线下做，未来的计划是什么，资金如何分配，等等。最后，如果有融资需求，就要阐述清楚你需要的资金总额及资金分配计划。

这是我推荐的一份完整的 BP 的撰写标准。再梳理一遍：一份 BP 必须简单明确，抓住重点。首先说明做什么，其次说明为什么要去做，再次说明为什么是你们能做，最后说明你们怎么去做。

很多创业者从来没有真正想过，怎样才能做出一份框架比较好的 BP。我们看过成千上万份 BP，其中很多是不伦不类、莫名其妙的。其实创业者把这个框架做好以后，再向里面填细节就非常容易了。

不要让你的BP超过20页

创业者现在做 BP 都做 PPT 了，我的看法是不要写太多、太长。按照我上面说的办法，20 页 BP 可以写得很清楚。现在好多 BP 是通过手机发送，如果手机容量本来就不太够，一下发一份几十兆大小的 BP，投资人连打开的兴趣都没有了。创业者一定要把 BP 变短一点儿，让人看起来舒服些，这是撰写 BP 的一个细节，也是一个小诀窍。

对于一个写 BP 的创业者来说，有时候写得很多是因为想把所有东西都阐述出来，希望投资人看到更好的一面，证明项目很有价值。其实完全没有必要，BP 简洁明了，说明问题就好了。当然做一些优化，加一些图表说明，让 BP 看起来更直观，这是必要的。但是，确实不要写得太多。创业者阐述的那些内容不一定是投资人想看的。

创业者在展示 PPT 的过程中，不要总从自己的角度出发，把所有的内容都拿出来让投资人看，只要把和项目相关的资讯展示清楚就可以了。我看到很多知名企业的融资 BP，基本上是 10~15 页，不超过 20 页就能阐述清楚。如果阐述不清楚，或者不能做到言简意赅，说明创业者的总结能力和聚焦能力不够，还需要锻炼。

初创企业的 BP，因为是早期项目或者天使期的项目，没有太多可以阐述的内容。能够吸引投资人的，无非就是以下两点：团队和现在已有的数据。团队比较厉害，投资人可能会多看一会儿；现在所取得的一些数据比较出色，投资人也可能会多看一会儿。这是比较重要的两点。

在 BP 里，创业者要尽量用数字和图表说明。数字和图表的特点是可以做比较。很多创业者在讲竞争分析时，不用大段文字而用图表，然后画钩，自己能干什么，别人能干什么。用数字和图表说明，大家看得清楚，而且易于理解。视觉化是最能够让别人容易理解的传播模式，若使用大段文字，别人还得把它翻译成视觉化的内容，因此，不如直接给别人看视觉化的内容。

投资人希望看到能够把他的钱当作自己的钱来花的创业者。所以创业者一定要在 BP 里明确自己的商业模式，同时要清楚地告诉投资人怎么花钱。

例如，一个项目需要融资 100 万元，很多创业者就很粗浅地写："我要用 40 万元建设团队，用 30 万元购买机器设备，还有 30 万元做市场营销。"这样写基本上融不到钱，因为没有精细化地估算融到钱以后怎么花。这是把融资当自己的钱花的一种办法吗？肯定不是，这种心态就不对。首先创业者要注意几个细节，对于早期项目来说，把钱花在市场营销上，我们是绝对不认可的。因为早期工作更多的是在做验证和测试，也就是更多的是在不断地试错和迭代，这时候的种子用户不需要花钱购买产品。所以，不能把钱花在市场营销上，创业者要学会把投资人的钱都花在刀刃上，要明确自己的战略目标，一定要知道自己在做什么、创业路线是什么。

很多创业者这一点做得不好，不能明确自己的战略目标。创业所有的付出都是有积累的，如果经常换战略目标，以前的积累就无效了。重复积累是需要大量的时间和金钱的。战略目标换一次行，换两次、三次，基本上就没有投资人敢投钱了。因此，一开始就明确战略目标是非常重要的，这样比较容易获得投资人的认可。

创业者怎样明确自己的战略目标呢？前面讲过，BP 的撰写过程是对自己的商业模式进行整理的过程。在这个过程中创业者要想清楚自己在做什么事情，未来的方向是什么，大概做成什么样子。明确的战略目标一定是让你的团队、你的投资人以及你的客户都认可的。只有这样你的公司才有可能走下去，你的项目才有可能发展得更健康。

学会做预测

早期项目的 BP 是一定要做预测的。我看到很多 BP 中会做 3 年甚至 5 年的规划。我是从来不看 3 ~ 5 年的规划的，特别是互联网行业创业项目的 3 ~ 5 年规划。因为移动互联网的变化非常快，包括现在的人工智能、科技创新的发展速度都是指数级的，在这种情况下，三五年后的市场变化是很难判断的。

我们可以回过头来看 5 年前。5 年前移动互联网还没有普及，我们能想到共享经济对我们生活的冲击吗？5 年前我们能想到人工智能怎样影响我们生活的方方面面吗？不大可能。所以 5 年后，整个世界的变化和行业的变化也很难定量地预测。现在，很多项目如果在 3～6 个月做不到下一轮，基本上就很难进步了。当然不进步不一定会死，但停滞下去是很难受的，因为很快会被竞争对手超越。

因此，我对早期项目 BP 的要求是做 3～6 个月的规划就好，当然必须有一个明确的发展方向。

综上所述，BP 必须简单明确，突出中心思想，更多地用数据和图表打动投资人，不要做那种笼统的，一看就是在"烧钱"的预算，预测不要做太长时间的。天使投资其实就是让创业者去试错和迭代，找出一个明确的方向，或者找出一个可以去复制扩张的点。

如何进行项目路演

项目路演也是每位创业者或每个创业团队必须经历的一个阶段。因为在更多的情况下，创业者可能是需要通过路演去结识一些新的投资人，结识一些新的用户，甚至是参加一些比赛。不管出于什么目的，我觉得路演已经成为创业者的一门必修课。我经常出去参加一些路演评审，包括各种各样的国家级的大赛，或多或少地发现路演的过程有些问题。有些是项目很好，但创业者比较紧张，讲不出来，可能是上台次数比较少。有些是 BP 写得有问题。有些是创业者在回答问题的过程中回答得不够明确，导致最终的效果欠佳。路演也有一定的章法，需要经过一些培训。

做好路演有几个原则，第一个原则就是必须重视它。一般路演都是由创始人或联合创始人去讲，因为是自己的项目，自己了解得更多一些。很多创始人随便派公司的一个人去讲，他就像背课文一样，或者直接说这页讲什么，下一页讲什么，没有任何感情投入。这让人一看就不是创业项目的创始人。当投资人问问题的时候，他也回答不出来，场面很尴尬，还不如不去。既然创始人决定参加这个路演，还是应该重视它。

第二个原则就是多锻炼。多看一些演讲，实在不行就参加一个演讲课的培训。随着企业越做越大，创始人会有更多的时间和机会在观众面前、在舞台上展示自己。这是必须走的一条路，做好路演也是一种能力。

 **严格守时**

路演最重要的就是严格守时。路演环节都是有时间限制的，一般情况下是用 7～8 分钟把 BP 讲完，剩下 5 分钟互动。

怎样做到严格守时呢？最好的办法就是练习。在家里对着镜子练、掐着表练，把应该讲的内容背下来，但是不能像背课文一样背下来。因为毕竟是创业者自己的项目，所以要融入情感去讲，要讲得绘声绘色。大家可能听过路演，也可能遇到过这种情况——创业者在台上讲得头头是道，正在兴奋的过程中，旁边的工作人员说："时间到了。"他还没讲完，好不容易多争取了一分钟，结果一紧张，一分钟时间又浪费了。所以，一定要在家对着镜子练，无论遇到什么情况都不要紧张。

有些创业者说："我做不到，我在台下背得很好，上台之后就紧张，一紧张就开始乱讲，就不知道讲哪里去了。"一部分人是这样的，特别是那种很少上台演讲或与别人交流有点儿障碍的人，很容易出现这种情况。

遇到这种情况怎么办呢？这里我教给创业者一个办法。演讲一般是按照 BP 内容的顺序来讲的。先讲做一个什么样的项目，市场需求在哪里，然后再讲为什么是你们能做，再讲你们怎么去做。如果你能严格按照时间讲完，你就按照顺序讲。如果你按那个时间讲不完，或者你一上台就紧张，发现自己有可能讲不完，那就需要调整顺序，把 BP 里重要的内容放在前面讲。先把你在做一件什么事讲清楚，然后你觉得哪个内容重要就讲哪个。如果你觉得团队更重要，希望让评委看到你们优秀的团队，就讲团队；如果你觉得核心竞争力很重要，产品的技术优势很重要，或者市场渠道能力很重要，你就可以先讲这些。你把你认为重要的内容先讲了，然后讲剩下的内容。这样即使时间到了，你的重要内容也讲完了，剩下的没有讲完也没关系，在评委提问的过程中互动就行了。

回答问题简明扼要

路演的第二个重点：回答问题简明扼要。因为创业者只有五六分钟的互动时间，能回答的问题也就三四个，这时候简明扼要地回答投资人的问题就好，要尽量和投资人互动。投资人问什么你就回答什么，这样能给他们留下好的印象，而且能告诉他们你的思路很清晰。在这个环节，很多创业者存在的问题是抓不住重点。例如，投资人问："你的竞争对手有哪些？"创业者说："我18岁开始创业……"这就是答非所问。如果投资人对创业者有反感情绪，那他就不会给路演打高分了。因此，创业者在回答问题的时候，要尽量做到简明扼要。投资人问竞争对手是谁，创业者可以把PPT翻到介绍竞争对手的那一页，然后看着讲，讲清楚竞争对手有哪些，他们的优势是什么，自己的优势是什么。这样创业者回答了三五个问题，投资人都很满意，路演就通过了。很多创业者为了展示自己的口才，投资人问一，回答到十，其实过犹不及。有些问题创业者回答的内容过多了，反而不会给投资人留下好的印象。

不怯场

很多创业者一站在台上就紧张、出汗、语无伦次，大脑中一片空白。好不容易坚持把PPT讲完了，评委提问，他们也不知道怎么回答，想半天，仍然不知道说什么。我也碰到过讲了一半，说能不能重新再讲一遍的创业者。特别是在一些大型比赛的路演环节，他们就更紧张，越想表现好就越容易出现这种情况。所以，不怯场在路演中很重要。

怎样做到不怯场呢？没有什么太好的办法，就是多练。路演的环境很难预知，所以在参加路演时再练就来不及了，平时你可以把你的伙伴、员工聚在一起，讲给他们听，讲完了让大家给你打分、给你提问题，这样进行模拟。如果你觉得这还不够，还可以再去找些人，多练几次。我觉得现场路演的困难都容易被克服，除非演讲者心理上恐惧在众人面前讲话。

讲情怀，但不能只讲情怀

讲情怀，但不能只讲情怀。 对一个创业者来说，在路演的过程中讲情怀是能够获得投资人的好感的，因为投资人希望看到有情怀、有梦想的创业者。投资人以"70后"为主，受到的教育比较传统，所以比较看重创业者的情怀、梦想。但是，创业者也不能只讲情怀。

有些创业者一开始就只讲情怀抱负，不讲实际内容。创业者是带着创业项目来融资、路演的，讲了半天的情怀、理想，却不讲落地的内容。不能落到实际，就是没办法阐述究竟是做什么的。如果创业者没有情怀，可能很难打动投资人；如果讲的都是情怀，就会造成投资人好像是在听故事。他们是来评估项目的，路演不是故事会的现场，或者脱口秀的现场。

我经常参加一些读书会。读书会其实也是一种路演和分享活动，就是把读过的书讲出来。好的讲法就是，既讲到这本书的内容，又讲到这本书对你的影响，或把你在实践过程中的感悟和这本书的一些内容对应着讲。融会贯通，用你的话把这本书的内容讲出来是最好的；差一点儿的讲法就是干巴巴地讲这本书，这种分享别人听起来很枯燥；那种除了念这本书的名字以外，书的其他内容根本没讲，就讲了自己的一些故事的讲法也是有问题的。

不要轻易改变立场

路演中还有一点也很重要，就是不要轻易改变立场。有的创业者经常会在路演的过程中被评委问得没话说。别人问你一个问题，你可能由于紧张没办法回答；还有一种可能是你真的回答不了。但是很多创业者会说："我这个可能真是错的。""我再想想，我这个可能有问题。"创业者做这个项目，花了很大的精力，团队也一直在往前走。创业者不要因为别人的一两句话就否定自己，特别是在路演环节，这绝对会被减分。创业者之所以没办法说服投资人，是因为在这种环境中，他还没反应过来。如果坐下来慢慢想想，创业者就能够反应过来。所以，创业者不要在路演时轻易改变立场，否则会给投资人留下不好的印象。就像今天做一个项目和投资人讲，过两天又换一个项目和投资人讲是一样的。投资人会想："你究竟在干什么啊？你是不是一个合格的创业者？你是不是一个理性的创业者？你连坚持的底线和原则都没有。最早做这个项目的时候你就没有考虑好吧，因此你会轻易改变；或者考虑好了去做，还轻易改变立场，你的坚韧性在哪里呢？"所以，在路演的过程中，千万不要轻易改变立场。

不要怕说"不知道"

路演中评委问问题的时候，创业者一定不要勉强回答。 如果评委问知道某某公司吗？创业者可能不知道这个公司，但假装知道。评委马上会再问与该公司相关的情况；答不上来，明显就是在说谎，这没必要。不知道就说不知道，不知道没关系，创业者可以告诉投资人，会把这个记下来，再去查一下。

当然，创业者一定要尽量了解市场，了解和自己的产品相关的所有内容，这是一个创业者必备的素质。不知道的事情硬说知道，这样会使投资人会对创业者的诚信产生怀疑。

对于早期项目来说，诚信其实最重要。因为创业者什么都没有，就几页 PPT 和几个人。投资人为什么要投钱呢？是因为信任，相信创业者会把这个事做成，所以诚信很重要。任何一个细节使别人对你的信誉产生怀疑，都是非常可怕的。

本节讲了路演中应该注意的一些细节，也讲了路演的一些诀窍，希望创业者能够了解在路演过程中应该注意的关键点。更重要的还是创业者应该坦然地面对路演这件事情，正常地表述自己的商业逻辑和商业计划，严格地按照路演的规则去做。能够严格守时地完成整个路演，就很好了。如果创业者对竞争对手、对所有的细节都了解，就不会出现不知道的情况；如果创业者对自己的项目非常有信心、非常了解，就不会出现立场动摇的情况；如果创业者在整个回答问题过程中，对问题了解得很清楚，就不会出现面对评委的问题胡乱说的情况。所以，创业者要让自己成为一个优秀的演讲者，具备强大的人格魅力感染听众，甚至感染投资人和他的合作伙伴。这是非常重要的一种能力，这种能力需要锻炼。我希望创业者能够具备这种能力，不断地超越自己。

融资谈判

谈判

融资谈判是每个初创企业都必须过的一关。企业要和资本结合，融资谈判就是敲门砖，因此创业者必须和投资人进行谈判。我经常和创业者交流，在交流过程中发现有些创业者还是有很多细节把握得不太好。

有一个创业者在拿到投资之前的半年见了70多个投资人，见得他自己都没有信心了，每天讲同样的内容，讲很多遍。在这个过程中，内心强大很重要。怎么与投资人谈判，也是有一些关键点和细节要把握的。

创业者拿到投资的过程，大概分为以下几个阶段。

第一个阶段是面谈。投资人会与创业者沟通项目情况，然后投资人会进行项目分析，判断项目是否具备投资价值。在这个阶段，一般是投资经理、投资总监出面，他们会先与创业者沟通，了解情况，做出投资分析。

第二个阶段是签TS（Term Sheet，投资意向书）。投资人认为这个项目有较大的投资价值，就会与创业者签署 TS。很多创业者觉得签了 TS 很开心，但 TS 是没有任何法律约束作用的，也就说创业者可以与好几个投资机构同时签 TS。最终签署的投资协议才具备法律效应。

签 TS 的目的是使双方建立一种关系，投资人对创业者的项目感兴趣，会做一些深入的调研；创业者会知道投资机构愿意与自己进行深入的谈判，自己的项目让投资人觉得具备投资价值。

第三个阶段是尽调。 我在下面的章节会讲到，它有一整套模板和数据分析，要对哪些内容进行深入分析等。

第四个阶段是开表决会。 尽调做完之后，一般由投委会开会讨论是否要投资这个项目。这个表决会是不对创业者开放的，不是创业者坐在那儿，回答投资人的问题，投资人说"好，我们决定投你了"这么简单。

有些基金，特别是早期天使基金会快速决策，就是一个项目走完流程，做完尽调，就进行决策。有些基金是集中决策，它的投委会人数比较多。因为临时凑齐所有人很难，所以大家就会选择一个时间，如每个月的月底，把这个月所有可以决策的项目都集中在一起进行投票表决，决策之后大家就开始对条款、估值进行交流。因为决策的时候，不一定会按照 TS 签署的估值决策。如 TS 签了一个估值 2000 万元的项目，投委会的人认为估值太高，只同意估值 1000 万元的项目。这时候投资经理还要跟创业者去谈，创业者要同意，那就往下谈签合同；创业者要不同意，那这个融资就不成功。

面谈项目注意点

和投资人沟通是一个熟能生巧的过程，多沟通就会有进步，所以创业者不要害怕和投资人沟通。很多创业者特别害怕和投资人沟通，认为没有准备好就不能去见投资人。一般情况下，创业者见的都是投资公司的投资经理，很多投资经理可能对行业的了解程度还不如创业者。我们经常碰到创业者说："与一个投资公司的投资经理沟通，基本上是我在讲他在听，他对这个行业不了解。"

所以，创业者不用担心与投资人沟通会出现什么问题。多沟通，创业者才会有所提高。在与投资人交流的过程中，大部分时间是创业者在讲故事，要讲自己的故事、项目的故事，因为投资人一般会对个人、项目、团队有所了解。

但是，我经常碰到夸大其词的创业者。对于初创企业来说，因为没太多的数据，所以创业者的诚信是最重要的，不要让投资人对创业者的诚信有所怀疑。创业者要学会实事求是，在事实的基础上稍微丰富一下就可以了。

要会观察投资人的兴趣点。 投资人的兴趣点和创业者想向他表达的兴趣点有时候是不一样的。创业者觉得这个项目的关键点或者吸引人的点在这儿，投资人可能认为在那儿。创业者不要试着去说服投资人，因为你们的角度是不一样的。投资人一定是从项目投资和未来收益甚至并购方向考虑问题的；创业者的想法可能很简单，就是要把这事做好，要挣钱，等等。所以，你们的关注点不一致是正常的。这时候创业者就要注意观察投资人关心的问题。投资人关心的问题是创业者一定要阐述清楚的，否则没办法继续推动。如果创业者的关注点和投资人的关注点是一致的，这样最好。这也是我经常讲的创业者要找到懂你的投资人，如果你们的兴趣点分歧太大，这件事可能很难成功。创业者在面谈的过程中不要自己讲，要注重和别人交流，讲完了自己觉得很好是不够的。

学会正面回应投资人的质疑。很多投资人，像我，就会很不客气。因为我是这么认为的：首先要尊重创业者，不要浪费大家的时间。我会提出非常关键的问题，创业者能回答每个问题，或者能够经得起质疑，就说明这是个好项目，我可以往下谈。如果大家坐在一起聊了半小时，还没谈重点，我觉得是在浪费双方的时间。对于创业者来说，最好的投资人是会提出质疑的。他一定会剖开项目看细节，这时候也许创业者会很难堪，会觉得这么好的项目为什么质疑呢，这是一种反应。还有一种反应："糟糕，他问到了我的关键点，这是我回答不了的，我在这个问题上是有漏洞的，怎么办呢？"这时候创业者一定要学会正面回应，有漏洞就去补，补好了就是个好项目。如果补不好，那就回过头来想想自己这次创业是不是有问题。被投资人质疑其实是好事，但创业者要学会正面回应投资人的质疑，不要绕开问题。例如，投资人说："你的团队中某个关键的人是有问题的，这个人还在其他公司兼职。"创业者说了很多就是不回答这个问题，只是说："我担保他一定能干活。"这没有用，投资人问的是他什么时候能全职。如果创业者说还有其他备选人选，又扯到其他问题上去，这就不好了。创业者一定要学会正面回应，正确的表现是不怕质疑，勇敢回应。因为早期项目本身就可能有很多问题。所以，发现问题是好事，帮创业者发现问题的人，应该得到创业者的感谢才对，把问题都解决了就好。

用事实和实例说话。创业者在和投资人交流时，不要讲一些似是而非的内容，一定要讲关键点，要告诉投资人有什么实例，你们能做到什么，现在的数据是什么；不要讲模棱两可的事情，如有可能怎样、也许怎样、大概怎样、如果怎样就会怎样……创业者让投资人清晰地知道现在的要点，投资人才不会质疑。投资人问的问题也有可能是错的，此时创业者也可以很明确地告诉投资人："我是这么认为的……"或者"我的看法是这样的……"也不一定非要顺着投资人的话说，尊重事实，客观回答就行。

真诚热情，展现自我，不卑不亢。谈判不存在谁比谁高一等或低一等的问题。我经常告诉我们的投资经理一定要学会尊重创业者，因为在周围的这一代创业者中，未来3~5年，一定会出现新一代的商业领袖，这是社会发展的必然。所以，投资人要学会尊重创业者，不要高高在上，俯视创业者。创业者要学会展现自我，要学会和投资人平等对话，要把最真实的一面展现给投资人，便于投资人了解创业者，也便于双方深入地进行下一步的合作和接洽，这是一个良好的开端。所以，面谈的时候大家还是应该尽量卸下伪装，真诚相待，一种比较好的谈判效果是创业者和投资人做朋友。不能盲目乐观，不能因为谈了一次以后，投资人说这个项目挺好的，创业者就觉得能拿到投资了。要知道面谈只是第一步，后面还有很多流程。

抓住窗口期

投资谈判要抓住窗口期，行业风口到来的时候，融资是比较容易的。例如，现在是人工智能科技创新的风口，这类项目融资就比较容易。风口一旦错过了，就不会再来了。O2O 风口特别流行的时候，很多 O2O 项目拿到了钱，但现在再做 O2O 就没人敢投资了。

抓住窗口期，充分考虑行业、企业的资本周期，留足时间，在不缺钱的时候融资，在有把握的时候全力以赴地去融资。

我经常讲要在上升期融资，因为项目发展的历程一般都是这样的：平台期、上升期，然后又是平台期，如图 7-1 所示。平台期公司会停留一下，然后打磨一下，再到下一个上升期。很多创业者愿意在平台期去融资，觉得这时候公司事情不多。其实，在平台期融资极有可能融不到钱，因为没什么数据变化。公司上升期的数据变化很快，但这个时候创业者又很忙，一直在做业务，没时间去融资，这就等于错过窗口期了。我认为在上升期融资是最好的，因为这个时候数据在增长，业务在增长，给投资人看到的内容也是变化的，投资人就会喜欢。

很多公司是没钱了才去融资。假如创业者还没办法养活自己的团队，就应该提前 6 个月考虑融资这件事情。因为融资过程比较漫长，如果错过了窗口期，就会存在很大的问题。所以，创业者在有把握的时候应该全力以赴地去融资。

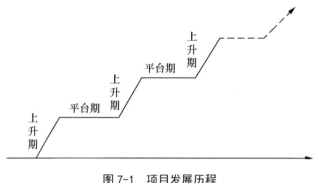

图 7-1　项目发展历程

风口分伪风口和实际风口。例如，2016 年的 VR（虚拟现实）创业潮，我们就不能说它是风口。它是一个长期的趋势，由于它的关键技术、关键人才问题都没有解决，虽然它像泡沫一样起来了，但是找不到实际场景去落地，这就很难爆发成为真实的风口。没有核心技术和实际落地的内容，VR 就很难发展，所以我们要捕捉真实的风口。如现在的科技创新，以前我们讲趋势的时候也讲过科技创新，就是以技术升级为核心的创新取代模式创新。科技创新就是大风口（真实的风口），它已经上升到国家战略层面了，创业者一定要抓住大风口。

我讲过拐点，当新事物取代旧事物或者新产品、新技术应用的市场占有率达到 30% 的时候，就会形成拐点。拐点一旦出现，这个趋势就不可逆了。在市场占有率达到 30% 之前的任何情况都可能是泡沫。创业者要把握趋势和风口，看看它能不能到拐点。因为拐点一旦出现，大趋势不可逆的时候再进入该行业就迟了。那么拐点出现之前什么时候进入？

这就是对创业者和投资者的考验了。

进得早了，可能要等很长时间或者根本就等不到，进得晚了就没有机会了。大家要综合地看一下市场的风口和趋势在哪里，不要盲目地等，这样大家会在融资、谈判过程中表现得更积极。

总结一下，融资谈判有两个关键点：第一个是找到懂你的投资人，不懂你的投资人，你讲再多也没有用。第二个是要知道投融资谈判的整个流程是什么样的，不要盲目地乐观或自信。因为融资谈判流程比较长，创业者要一步一步地走好，多和投资人交流，这样才能成功。

融资合同

签融资合同是创业者和投资人谈判完成之后，必须走的一个法律流程。签融资合同不仅是签一个融资投资协议那么简单，它可能会有很多步骤。很多创业者没有融过钱，或者稀里糊涂融过钱，还有些是从个人那里融过钱。不管是通过什么样的方式融资，签融资合同都是非常重要的一个环节。

我希望创业者能够少走弯路，规避风险，出现问题是谁都不愿意看到的。如果在融资合同中出现问题，这个问题又涉及一些法律责任，就得不偿失了。一旦上升到法律层面，创业者就需要花大量的时间和精力去解决问题，进而影响整个创业过程，这对于创业者来说是非常不划算的。

TS

TS 就是投资意向协议，是创业者和投资方在前期谈判之后，就未来投资交易签订的一个原则性的、临时约定性的文件。TS 里的锁定期和保密条款是具有法律效力的。

TS 里的估值不具备法律效力，如谈好估值是 1000 万元，按照这个签署了 TS，但是投资机构开投委会的时候，最后讨论结果是投 500 万元，那么之前的估值 1000 万元就没有价值了。投资意向书里面其实只有锁定期和保密协议是具备法律效力的。锁定期指的是签署了 TS，确定在锁定期内必须对 TS 做出一个回馈。如一个 TS 的锁定期是 3 个月，就意味着投资方和创业者必须在 3 个月之内就这个项目达成投资协议，或者终止项目，这样该 TS 就终止了。

签了 TS 之后投资人是要做尽调的。投资人在尽调的时候会涉及创业者的一些机密文件，如财务数据、一些内部的合同。技术型的项目可能还会涉及公司的技术秘密。TS 里的这个保密条款就是对彼此进行约束的，也就是说投资人看了这些内容之后应该保密。

签署保密协议是为了规避一些投资人签了 TS 之后，拿内部材料为投类似的项目服务。有了这个保密条款，如果未来创业者的数据被证实泄露，又是通过这个渠道泄露的，创业者是可以拿保密协议去申请法律援助的。

前文讲过 TS 是可以签多份的，因为它没有排他性。选择权在于创业者，签多份 TS 的结果就是创业者可能要面对多个投资人的尽调，要每天应付很多人，这些人可能还会提很多要求。我给创业者的建议是签 TS 时要适当地进行选择，不可靠的没必要签。TS 只是个临时协议，创业者不要盲目乐观，认为签了 TS 就能拿到资金，要明白签 TS 和拿到资金之间的路还很长。

尽职调查

尽调就是尽职调查，是投资人调查创业者讲的故事和真实的情况差距有多大。尽职调查一般情况下分为：业务调查、财务调查和法务调查。

业务调查。调查现在的业务数据、市场的情况等，有些可能还要调查所签的合同的真实性。为此，投资人可能还需要走访一下合同的签署方，看看这个合同是不是造假的。

财务调查。调查财务报表和审计报告。有些公司注册时间比较长，每年应该有审计报告（第三方审计公司出具的审计报告），还有财务报表。投资人主要看创业公司的整个现金流的状况，以及资产负债和利润情况，目的是了解创业公司财务上有什么风险。例如，有借款，或者应收账款比例高，或者收入情况和业务情况不匹配，中间有不规范的流程，将来可能引起不必要的法律纠纷，等等。

法务调查。调查整个公司法律方面的健康指数，如公司团队的核心人员有没有从业风险、是否有过犯罪记录、是不是失信人员等。有的问题对公司将来上市、并购会有重大影响，所以需要检查，特别是公司法人，会被要求更严格的尽调。如果是技术公司，那么技术专利的获取是否合法、有没有涉及专利违法和侵权等，都是尽调内容。

这些调查结束之后，会形成书面材料，也就是尽调报告，这是要让创业者签字认可的。投资人在内部会议上会根据这个书面材料来评判项目是否值得投资。

早期项目尽调比较简单，因为公司比较简单，主要是对团队的尽调。尽调这个环节在 VC 阶段，就是天使轮之后，也就是所谓 A 轮、B 轮，甚至 PE 的阶段是非常重要的。因为如果某一个很小的环节有一点儿法律上的风险，那就可能使公司的资本运作产生大的变故。投资机构一般有专门的尽调团队，或者委托第三方来做尽调；创业者应配合尽调，坦然面对就好。

项目估值

早期项目如何估值呢？我的建议是：结合行业发展趋势、竞品的发展阶段、公司稀释股权的节奏进行估值。公司需要考虑本轮融资的金额是否可以支撑公司成长到业务呈现显著增长时期。早期不要过于介意估值的大小，市场没有明确的估值标准，资本市场行情、项目风口甚至二级市场的变化等都会对估值有所影响。一般情况下，早期项目估值很难。我经常开玩笑说早期项目估值就好像在菜市场买菜一样，买菜的说 5 元一斤，卖菜的说 6 元一斤，最后 5.5 元一斤成交了。

早期创业时，快速融资很重要，要小步快跑。创业者把自己放在一个很高的估值层面上，一是很难融到钱，二是这轮就算融到钱，下一轮怎么办呢？还得更高的估值，这样做的结果是融资越来越艰难。因为每一轮的估值都一定要和数据相匹配。早期项目的估值好定，是因为什么都没有的时候，可以根据创业者讲的故事去融资，这时候估值多少意义并不大。

我对早期项目的建议是：小步快跑，不要纠结估值大小；快速发展，让市场和数据支撑自己的估值。

投资协议

投资协议是一定要在投委会上表决通过的，在投委会员对投资标的（包括估值等详细内容）达成一致的情况下才会签署。投资协议是具备法律效力的。对于创业者来说，投资协议签了，基本上心里的一块石头才能落地，当然也不能完全落地。我也碰到过这种情况，投资协议签了，投资人没有打款，因为投资人出了一些状况，如他的资金出现问题或其他特殊情况。如果创业者碰上这种情况就比较倒霉。所以说钱到账是最好的，在钱到账之前，各种变故都可能发生。当然，投资协议签署之后，双方的责、权、利基本上也就确定了。

投资协议里面有两部分条款：一部分是商业条款，另一部分是法律条款。商业条款指的是投多少钱，占多少股份。法律条款比较复杂，如董事会构成、清算优先权、股权回购权、保护性条款、兑现条款、防稀释条款，等等。这些条款在早期项目签署过程中不一定都会出现，但是在VC阶段，这些条款就全部有了，越往后这种条款就越详细。

董事会构成。投资人一般会要求在董事会里占有一席表决权，有些投资人还会要求重大事项的否决权。投资人一般不会在董事会里占太多票。例如，董事会里有 5 票，3 票给投资人，2 票给创业者，这种情况不会出现。最有可能的情况是 3 票给创业者，还有 2 票给投资人，或者 1 票给投资人，还有 1 票给一个独立董事。

投资人一般会要求清算优先权。投资清算优先权就是投资人的投资款在公司发生"清算事件"时，有权优先于公司其他股东获得清算收益的权利。

防稀释条款。防稀释条款主要可以分成两类：一类是在股权结构上防止股份价值被稀释，另一类是在后续融资过程中防止股份价值被稀释。防稀释条款能够激励公司以更高的估值进行后续融资，否则会损害投资人的利益。防稀释条款要求管理团队对商业计划负责任，并对此承担因为执行不力而导致的后果。条款的细节比较专业，本书就不做细节表述了。对于创业者来说，防稀释条款通常是融资的一部分，创业者把公司经营好，在融资后为公司创造价值，使防稀释条款不被激活实施，这比什么都好。

投资人喜欢问的问题

在和投资人交流的过程中，每个要融资的创业者都想了解投资人喜欢问什么问题。

创业者和投资人在交流的过程中，如果表现得成熟、沉稳，问题回答得很流利或者解释得很清楚，投资人就有可能对你的项目或对你个人更感兴趣。

那么，投资人一般会问什么问题呢？这里我只列举一些关键的问题，当然这些问题背后还会有很多延展的问题。

行业问题

你的产品在行业中的价值定位是什么呢？

所有的行业都是由上下游产业链构成的。你的产品在产业链中处于什么位置？在这个位置的价值是什么？为什么会待在这里？为什么要这样做？如果不想在这里，那应该在哪里？你的产品创造的价值是什么？你的产品特点是什么？这些都是创业者必须回答的。

你所在行业的上下游是谁？

你的产品和服务有上下游吗？如果有上游供货商，是谁给你供货的？下游是谁在享受你的服务？你在中间起了什么样的作用？你有可能解决行业中的效率问题，也可能在行业中起到承上启下的作用。

你怎么平衡上下游的利益链条？

你的加入使上下游的利益链条发生了变化，你怎么让上下游流动起来呢？它会不会有波动呢？你的出现有无可能带来一个突破点？像河流一样，你在中间截住了，其他人就过不去了，也就没有上下游了。怎样解决这个问题？你得讲清楚，你在上下游之间怎么平衡利益链条。

行业痛点在哪里？

你在这个行业创业，要清晰地了解这个行业的痛点在哪里，你解决了什么样的痛点（详见痛点和痒点的区别）。

你怎样看待行业未来的发展？

这主要是在问创业者的行业知识的广度，即这个行业未来怎么样。创业者要看市场未来是不是会增长，以及这个行业和其他产业的结合程度。如 AI 和无人驾驶，现在大家做得较多的是人工智能的一些辅助应用场景在智能驾驶行业的模拟，未来的行业融合是大量数据的快速处理技术以及更高精度和智能识别技术的突破。对行业发展方向的把握是一个创业者综合能力的体现。

产品和模式问题

产品标准。你的产品的用户是谁？你瞄准的是哪些用户？例如，面膜的用户群体可以是所有女性，甚至男性。如果面膜的用户是所有人那就非常难做了。但是，细分市场后，设定垂直人群的垂直应用场景就不一样了。例如，可以针对紫外线灼伤的人群推出快速修复的面膜。

应用场景。现在的应用场景越来越注重付费用户，因为付费用户是真实的消费者。谁是你的真实消费者呢？你在什么场景下以什么样的方式满足用户的需求呢？首先，应该是垂直人群，然后是垂直的用户场景。你要看你满足了一个什么样的用户应用，你的产品解决了用户的什么痛点。

我们所说的痛点就是刚需，是必须解决的问题。所以，创业者要看自己的产品是不是满足了用户的刚需。创业者要知道目前市场上解决用户痛点的方案有哪些，也就是要知道竞争对手是谁，有多少个，他们是怎么做的。

产品模式还有很多种，以上这些是一些基本的，是投资人一定会问创业者的。创业者要做商业模式、产品规划，都要考虑这些，因为这是整个项目的核心。

市场问题

投资人一定会问与市场相关的问题。例如，你怎么去做推广运营？现在是线上与线下结合的时代，你线上怎么做，线下怎么做？是以线下为中心，还是以线上为中心？原因是什么？你有没有合伙人在负责？打开销售市场是初创企业非常重要的一个环节，因此，在这个环节最好有一位合伙人负责。你的竞争对手是谁？竞争对手目前的市场策略是什么？你是模仿他，还是与他做差异化的竞争？你是与他在同一个市场上竞争，还是如果他做一二线城市的市场，你就先从农村市场开始做起？这些市场策略的内容，是你要阐述清楚的，一定要讲出切合实际的一些营销方式和办法。

前文讲过营销是有方法论的，营销的核心是建立自己的社交货币，策划出一个完整的属于自己的产品和服务的营销故事。

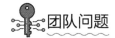
团队问题

你想招聘什么样的人呢？很多创业者在初期拿到天使投资之后，有扩张团队的需求。只要是扩张团队就一定会被问："你想招聘什么样的人？"很多创业者会说："要从 ×× 地方招一个很优秀的人，现在不招他是因为没有钱。"这是好事，但是创业者要分析这种事情存在的可能性有多大。真的是有了钱就能招聘到他吗？是钱的问题吗？我想告诉创业者，你要招聘的是能够解决问题的人。

在初创企业的发展中，创业者找到能够解决问题的人，是能够一步一步往下发展的核心。创业者能找到能解决问题的人就够了，不要找职业背景特别"高大上"的人，这不现实。在这一点上，很多项目创始人的认知是有误区的。

对于创业者来说，最大的风险是什么呢？这个问题的核心是什么呢？如果创业者认为最大的风险是团队的风险，那就说明创业者其实在内心深处缺乏关于团队的安全感。如果创业者认为最大的风险是市场问题，那就说明创业者对市场的看法是有一些犹豫的。还有创业者说，最大的风险是对产品把握不太大，这说明创业者在产品开发和研发或者设计方面，心里是没有底的。创业者认为的最大的风险一定是内心最没有把握的部分，所以这时候投资人是需要与创业者沟通的，创业者也需要与投资人沟通，互相看风险在哪里，目的是帮助创业者抵御这种风险。

投资人会问创业者的全职合伙人和兼职合伙人的情况。我讲团队的时候讲过，我不会去投资兼职合伙人太多的团队。投资人会问创业者专职合伙人有多少，有哪些，通过什么方式认识的，认识的时间有多长。我讲过不能贸然和不熟悉的人一起创业。如果创业者匆忙组织团队，这个团队肯定是有问题的，将来的效率和稳定性都会受到影响。团队里面尽量不要找背景相同的人，这样也是有问题的。早期项目的团队尽量有CEO、CTO、产品经理和行业专家等。团队的股权是怎么划分的？有没有期权预留？有没有大股东？股权划分是不是过于集中或者过于平均？这些问题对未来都会有影响。投资人希望创始人有看透事物本质的能力，有对细节深度把握的能力。如果创业者不具备这些能力的话，那么他在做早期项目的过程中，就很难快速决策和拍板，因为他需要在这种纷繁复杂多变的市场环境中敏锐地抓住市场机会，然后坚定地沿这条路走下去。

投资人还会关心创业者对资源和人的调动协调能力，创业者的管理能力怎么样呢？能不能调动资源？有没有执行力？执行力指的是团队的执行力。团队里必须有领导者，还要有执行人员，能实现领导者想的事情。所以说团队是一个整体，投资人绝对不会投资一个人创业的公司，他一定会对团队整体的磨合程度和团队凝聚力有非常高的要求。

除了与市场、产品模式、行业和团队这种最基本的工作内容相关的问题之外，我在投资时还会问一些其他问题。这些问题其实是相对个性化的问题。如我会问："你创业的原因是什么呢？"为什么要问这个问题呢？我是想深层次地了解创业者创业的内在原因、内在动力。为什么要创业？是因为对现实生活不满意，还是厌烦了打工这种工作状态，还是有一个梦想，真的希望做成一件事情，还是其他的什么原因。当然，创业者讲的内容和内心真实的想法可能是有区别的。但这没关系，对于一个投资人来说，要具备高效的、敏锐的洞察力，要能看到事物的本质，也要对创业者的核心能力做出分析，就是要去了解他创业的原因。

聊天的过程其实也是一个互相了解的过程。当投资人问某个问题的时候，创业者也要去思考这个问题，这件事情就已经有了一个很好的开端。

另外我还会问："如何证明你的公司是有市场的？"怎么证明？拿什么证明？不要拿嘴巴证明。你要给我数据，给我实际的东西。"什么事情让你睡不着觉？"这个问题好像很奇怪。但创业者一定是有压力的，那种吃饱了躺下就能睡着的创业者，我觉得不是真正的创业者。创业者有压力就一定会有睡不着觉的时候。

另外，投资人还经常会问一些个性化的问题。如有些人会问："你最大的理想是什么？你的家庭情况是什么样子的？你做事的原则是什么？"或者会出一道题问你有什么看法，他根据你的看法对你进行判断，等等。投资人问这些问题并不是为了为难创业者，而是为了让创业者能够更深层次地思考创业，更深层次地去了解创业中的一些问题。投资人和创业者是一体的，从投资人把资金给创业者的那一天起，投资人和创业者就是一家人了。投资人必须帮助创业者渡过很多难关，要给创业者提一些建议。早期天使投资人其实就是创业者的导师，要帮助创业者规避一些风险。在创业者对这些风险，或者对这些问题的认知程度不够高，或者了解不够深入的情况下，就很难提前做一些预防工作，而且很多创业者比较年轻，缺乏工作经验。这时候投资人的一些工作经验就能给创业者非常大的帮助，预防一些未知的风险，也能使创业者的企业发展得更好一些。

找到对的投资人

创业者选择投资人时，找到懂你的投资人是非常重要的。创业者在融资的过程中可能会遇到非常多的投资人，如我们孵化器里有些创业项目的创业者在融到资之前，见过 60～70 个投资人（据说马云在融到资之前见过上百个投资人）。创业者见多少个投资人并不是关键，关键是找到懂你的投资人。

懂你的投资人一定是适合你的。不同类型的投资机构投资的方向也不同，它们的投资方向是否和你的项目相匹配，这点很重要。

找到懂你的投资人的第一步是要知道和你谈的投资人是否负责你所在的行业的投资。特别是在 VC 阶段的融资，越大的投资机构越会分"赛道"，它们一定会有不同行业的投资负责人和投资小组。投资人负责的行业决定了他是否能与你继续沟通。如果他负责的不是你所在的这个行业，你只能是跟他聊聊天，锻炼一下你和投资人沟通的能力。可能他会把你的项目推荐给负责你这个行业的同事，也有可能你们聊完就没有后续了。因此，找到负责你所在行业的投资人很重要。

和投资人交流之前要了解一下这个投资机构是否投资过和你的项目类似的项目，或者你的对标企业，一种好的可能性就是这家投资机构可能会在赛道布局。例如，我们现在主要投资科技类的早期创业项目，投资了好几个科技成果转化平台，因为我们需要在这个领域布局。不好的可能性是他与你聊是要为自己的项目做竞争分析，他想知道他要投资的那个项目的竞争对手都有哪些。如果出现这种情况，创业者要决定是展开与他聊还是有所保留。因此，创业者在选投资机构时要判断它是要做布局，还是在做尽调。

估值高的未必是最好的。创业者在与投资人聊的时候，投资人一般都会给一个口头的估值。一般情况下，创业者都会挑一个估值高的。但在天使阶段，估值高不一定是好事。这轮估值高，下轮就要有更高的估值。创业者必须翻一倍或几倍去融资，这样融资就会越来越难。所以在天使投资阶段，特别是早期投资阶段，估值高不一定是好事。你要看估值之外的好处，如能给你带来什么资源，是给你带来订单，还是能给你站台。很多创业者喜欢明星投资人投钱，因为有他们背书，后面拿钱就很容易，所以愿意以比较低的估值让他们进来，这也是可以的。

我想告诉创业者一个原则，在最终选择投资的时候，不一定非要按照估值的高低来进行选择，一定要看估值背后的情况。一些大基金投资人认为："我给你投资这件事本身就能给你做背书，能提高你未来的竞争力，所以就得估值低点儿。"他把他的无形资产也算到了投资价值里，这是一种情况。与此相对应的情况是，有些新的投资机构，或者有些不知名的投资机构，为了抢到一个项目，会给高估值，如别人给 5000 万元的估值，他给 6000 万元的估值。这时候对于创业者来说，选择就很重要了。你是选择一个给你估值稍微低一点儿的，但是正规的、规范的投资机构？还是选一个给钱多、估值高，但你又不了解的投资机构？假如你不是特别在意钱的数目，我个人建议你选择一个规范的投资机构。

就天使轮来说，多家投资机构合投是比较好的。我们的大部分投资项目会开放一些投资的份额。对于早期项目来说，钱是一方面，资源是另一方面。多家机构合作来投资的时候，你就可以匹配更多的资源。用投资行业的话来说，你有更多的人可以给你站台。你在找下一轮投资的时候，就会有更多的人来帮你介绍投资。这其实是一个正向的流程，而且早期项目没有那么多的利益纠葛，更多的是投资机构出资，大家还不能获得利益，所以这时候不会有什么利益的冲突。

我们建立了一个合作圈，现在大概有 10 家合作机构，我们也会贡献项目给大家，大家一起投资。合作的原因不是钱不够（天使投资每个机构都能投得起），而是多一家机构就能多给创业者一些资源，便于他们快速地发展，这是我们认为比较好的方式。

多家机构投资时，一定要有人领投才行。领投方是有一些独特的权利的，但在天使投资阶段，领投和跟投没有太大的区别，大家的权利和义务是对等的，都是为了帮助创业者。再往下一轮，各家机构的诉求就可能不同了。

以上就是我对早期投资的一些看法，归根到底就是创业者要找到了解你的、能给你资源的投资人。投资人对你的项目很了解，对你的背景很熟悉；你对投资人的背景也很熟悉，他的投资逻辑和投资理念和你的创业理念也相符，投资人能成为你的导师。特别是在早期，有几个导师辅佐你，项目发展也会快一些，进步也会大一些。

融资细节

投资决策流程

很多创业者并不知道投资公司内部的决策流程。

创业者见到的投资公司的第一个人是投资经理，但是创业者从名片上可能看不出来这个职位。他的名片上写的可能是投资经理、投资总监，甚至还有投资副总裁、投资董事总经理，等等。很多创业者觉得："我与投资总监谈就比与投资经理谈好一些，如果我与副总裁谈，这个项目就差不多了。"但是我告诉大家，这些职务的人的权力在投资公司内都是一样的，都是属于投资经理级别的。职位之所以有高和低，是因为他们的薪水可能不一样，工作年限可能不一样，在公司的资历可能不一样。但是，在投资公司内部层级上，他们都属于投资经理。

投资经理的工作内容是什么呢？就是找项目和看项目。投资经理的工作就是发现那些有投资价值的项目，然后把这些项目汇报给合伙人。所以，凡是名片上有合伙人称号的人，他在机构中都有一定的决策能力。当然，这是一般情况，因为有些公司所有人都叫合伙人。规范的投资机构一定是有一套规范的抬头称呼的，合伙人一般属于基金的主管级别。投资经理看完这个项目以后，他会推荐给合伙人。当然创业者运气好的话，可能第一次就能见到合伙人。严格来说，项目到合伙人这里，他就有权立项了，这是投资经理不具备的权力。如果可以立项，这个项目就可以进入后面的流程了。所以，创业者与投资经理聊，无论他觉得你有多好都是没用的。如果一个合伙人告诉你："你的项目不错，我们可以立项。"这就比较有把握了，但也不一定立项了就会把钱给你，只是可以进入下一个阶段而已。

往下是什么流程呢？常见的就是签 TS。我们一般签订 TS 会锁定两个方面：一个是时间——这个项目的周期有多长，而且这个周期是有法律效力的；还有一方面就是估值。我们会锁定一个估值，但这个估值是不具备法律效力的，只是一个指导值，是我们之后谈判的估值依据，最后是否确定是这个估值，是否成交，都是不一定的。签完 TS 以后，基本上就开始做尽调了，当然也有提前尽调的可能。尽调之后，就是上会（上决策委员会）。决策委员会是一个基金的最高投资决策机构，它可以决定是否投这个项目。决策方法一般都是投票。例如，我们的决策委员会有5个人，决策机制一般都提前规定好了，5个人中3个人同意就是通过了。还有一种情况是两票也可以通过，但是这两票里必须有行业负责合伙人的一票。行业负责合伙人一般情况下是决策委员会的成员，当然特别大的基金合伙人太多，也有例外。但是对于天使基金来说，行业负责合伙人一般是投委会成员，如果这个人强烈要求投某个项目，票数少一点儿也可以通过，但大部分情况下是多票通过。决策委员会的成员也不一定是单数，如果是4个人，两票就可以通过。决策委员会通过之后，就是签订投资合同了。

为什么要讲得这么详细呢？我是想告诉创业者，你要知道你现在是在融资的哪个阶段，避免你觉得见了一个投资总监就认为这事差不多了。

如何缩短融资时间

融资时间一般为3～6个月或者更长，为什么需要这么长呢？很多时候创业者着急用钱，可能工资都发不了了，但是投资人告诉创业者流程还没有走完。为什么会有这种情况呢？这是因为有投资尽调这个过程，需要等尽调全部做完之后，才能投资。在这个过程中，投融双方需要建立信任。投资人需要对创业者的产品和市场全部了解，才能到投委表决会这个环节，而这是需要大量时间去沟通的。

创业者能缩短什么时间呢？能缩短的是可控时间。如投资人希望做市场、产品和用户调研，这时候创业者如果可以给他一个报告，并告知报告的由来和真实性，投资经理根据这个报告去做调研，就能快一点儿。如投资人要进行财务调查，创业者把所有规范的财务报表和审计报告都准备好了交给他，也能快一点儿。如果他要做财务调查，创业者的账还没弄清楚，那么时间就这么耽误了。再如，投资人要见创业者的团队，创业者在和投资人聊完后直接让自己的团队与投资人见面，不需要单约时间，就很省时、高效。所以，创业者把这些需要的内容准备得越充分、越及时，就越有可能缩短融资时间。

我们之前投了一个叫"小蹄大作"的项目，大家都知道它是做烤猪蹄的。我们投完第一轮后，李开复老师的创新工场投了第二轮。当时第二轮融资就花了很长时间，因为之前的账务不是很规范，投资机构要尽调的话，有大量数据需要整理，而且餐饮公司的账务本来就很复杂，所以需要整理的账务非常多，光把这个数据整理完，就要花大量的时间。后来我就和所有的创始人讲，一定要把这些基本的财务资料都准备好。在做第一笔生意的时候，就把所有的账都做好，这对投资项目的推进会有非常大的帮助。

融资中的对赌

什么叫对赌呢？对赌就是投资人和创业者就一个目标赌一场。举个例子，投资人和创业者就未来的销售额做一个对赌。创业者说："明年可以做到销售额 5000 万元，拿这个事来做对赌。"那么，投资人就会说："假设明年能做到 5000 万元，就给你的投资附加 × × 条件；假如做不到 5000 万元，对赌失败，我要求你的股权 ×× 给我，或者必须以 ×× 价格将股权转让给我，或者你的股权就变成债权了，你不但要还我钱，而且还要还利息。"这就是一个对赌协议，简单说就是设定一个目标，约定这个目标达成以后怎样，达不成会怎样。

为什么会出现对赌呢？这往往是因为投资者和创业者对未来的目标没有明确的认识，或者没有统一的认识，但是两方坚持各自的观点，又特别希望把投资这件事促成。在这种情况下，大家就会用对赌的方式来进行约束。还有一种情况是创业公司最后被并购了，并购的时候就一定会有一个对赌条约，如每年 25% 的增长。如果这个对赌条件达到了，创业者可能会顺利拿到后续的并购款项；如果达不到，可能后面的条件就要被修改。为什么会有这样的情况呢？是为了促进创业者去追逐目标，实现目标，从而拿更多的钱；这对并购方也有好处，创业者达成了目标，为并购方创造的价值也大。

在融资过程中对赌应不应该有呢？我们在做天使投资的过程中，一般不签对赌协议，因为我们不希望给创业者太多的约束。对赌协议是把双刃剑，好的一面就是可以促进大家为一个目标积极奋斗；坏的一面就是会影响创业者和投资人的心态。也许达成了对赌的某个目标，却损失了一些在发展中应该得到的东西。所以，对赌这件事主要看发展阶段：在早期阶段签署对赌协议，其实对创始人及团队是没什么好处的，而且投资机构一般也不会签；在中后期的话，可能每个协议里面都会有这种对赌存在。在不同的阶段，企业在对赌上要有不同的选择。创业者要学会用平常心来对待对赌这件事，如果投资者提出签对赌协议，创业者可以接受，也可以不接受。如果创业者接受了，就用平常心对待，不要太纠结。创业者在融资过程中，不要一听投资者说对赌，就马上翻脸，这没必要。另外，如果遇到需要签署对赌协议的情况，建议创业者咨询一下律师或有经验的人，不要让自己陷入法律的陷阱。

CHAPTER 8

第八章

初创企业快速成长的密码

初创企业的真正价值

对于初创企业来说，只有清晰地了解自身的真正价值在哪里，才能面对风险，知道自己的路该怎么走。以下是我总结的初创企业需要注意的 3 点。

选对行业比做强产业更重要

作为投资人，我更认可的是"针尖创业"模式，即用一把锋利的"刀"去切开某个市场。

有创业者认为只有足够大的市场才可以吸引投资人，我认为这并不准确，我们不要单纯地看市场有多大。在项目开始的时候，创业者没必要去讲一个巨大的市场的故事，投资人更关注的是有针对性的市场。创业者需要用一把"刀"有针对性地切开市场——哪怕解决的是小众人群的痛点，然后以此为基点，对市场做延展性拓展。

微信初期是通过什么方式切入市场的呢？是语音信息和"摇一摇"这两个功能。语音信息解决了打字麻烦的痛点，"摇一摇"满足了用户与陌生人交友的需求。微信获得了用户的黏性之后，开始做延展业务。现在微信已经变成了一个熟人社交平台，用户的社会关系几乎都在这个平台上，而且微信做了很多的功能延展，如购物、买保险、买电影票、租车、手机充值，等等。为什么微信已经变成了一个平台化的产品呢？因为它有流量入口。但是，微信一开始就构架平台化的运营肯定是不行的。所以，创业者需要一把锋利的"刀"先解决一部分用户的痛点，再切开市场，这是非常重要的。

因此，选对行业比做强产业更重要。确定一个细分领域的市场切入进去，然后找到收费用户，并能够真正地解决他们的痛点，这时候再考虑扩展服务。我们认为这是中小企业的最重要的价值。

行动比模型更重要

在我看过的一些项目中，经常发现有的项目在几个月之后，除了PPT更漂亮，所有的计划都还停留在原地。我也发现很多创业者喜欢在家里做模型，去设想市场、行动，却不行动。这是投资人最不愿意看到的。

在初创阶段，或者在移动互联网时代的创业阶段，创业者要不断试错，行动起来比闭门造车更重要。因为项目和想法需要在不断试错的过程中完成迭代和发展。

完成比完美更重要，世界上没有任何一个完美的模型，只有通过行动，才能不断迭代发展，做出接近完美的模型。创业其实也是一样的道理。一个创业者说："我要做一个完美的、无懈可击的计划，之后再去行动。"结果往往是错过了机会，因此行动是很重要的。

投资人愿意把钱投给敢于冒险的人，敢于去尝试的人。只有敢于尝试，敢于颠覆自己，才能成为优秀的创业者。

资源比资本更重要

项目在早期的时候，资本多少其实并不重要，重要的是资本能带来的资源。创业企业重要的是发展速度，但是资本在一开始对创业企业发展得快慢并不会有很大的影响。资本在什么时候是最有用的呢？在企业扩张的时候。这时候资本的力量是非常大的。但是，对于初创企业来说，资源可以带来的价值要远远大于金钱。企业发展速度快，能够迅速和竞争对手拉开距离，快速进入细分领域的前例，这才是初创企业的核心。如果企业发展速度慢，即使拿到了很多投资也是没用的。

我们把企业发展分为 3 个阶段：初创阶段、发展阶段和成长阶段。企业在不同阶段各需要什么样的资源呢？

企业初创阶段最重要的是用投资人的钱试出一个适合发展的模式，就是找到一个企业可以规模化发展的模式。我们把它叫作精益创业测试。

既然产品和模式是市场认可的，那么就应该进行复制和规模化，在这个阶段初创企业需要大量资本的助推。

企业成长阶段项目会遇到瓶颈，这个瓶颈就是规模化之后无法再次扩张，此时就需要有自我颠覆的能力。创始人通过自我颠覆的创新，上升到另一个阶段，从而获得更高的发展。乔布斯就是如此，他在第一个阶段成功对苹果电脑进行了小规模验证；后来苹果公司发展受阻，乔布斯被迫离开，当苹果公司发展遇到瓶颈时，他最终还是回归了苹果公司。乔布斯回归以后，用颠覆性的思维重新塑造苹果公司及其产品，从而又使公司上升到了一个新阶段，才有了我们今天看到的苹果公司。

乔布斯的故事告诉我们：优秀的创业者都具备自我颠覆的能力，他可以迈过否定自己的鸿沟。英特尔公司前 CEO 安迪·格鲁夫做出改变英特尔的决定也是如此。

英特尔公司当时并不是一个芯片制造商，而是一个存储器制造商。当时英特尔已经做到了世界第一，但是后来遇到了一个很严重的问题，就是日本存储器厂商的崛起。日本人可以把存储器的成本降到更低，英特尔已经显露出疲态，因为存储器的技术壁垒早就已经不存在了。曾有一场非常知名的对话，就是摩尔（当时英特尔的董事长）和格鲁夫（当时英特尔的 CEO）的对话。摩尔问："我们该怎么办？现在我们的业务在逐渐下滑，日本人的业务在逐渐增长，很快我们就会接到董事会的质问，我们要如何应对？"格鲁夫说："那样的话我们很快就会被董事会炒鱿鱼的。"摩尔问："如果换了新的领导人来，他会怎么办？"格鲁夫想了想说："如果新的领导人来，他做的第一件事就是把我们现在做的事全部推翻。"然后格鲁夫说："与其被别人这么做，我们为什么自己不去这么做呢？"

这个故事看似很简单，但对话的这两个人缔造了英特尔的存储器业务，而且一直是这个行业的第一名。

我们熟知的诺基亚，为什么没有赶上智能手机发展的浪潮呢？因为决策人不愿去颠覆自己，不愿意承认自己已经是行业的落后者。虽然当时诺基亚高层都很清楚行业的趋势，但是没人愿意颠覆自己。

当年柯达也是这样，它是最早拥有数码照相机技术的公司，但是因为在胶片行业处于垄断地位，所以柯达公司宁愿将这个技术放在保险柜里也不愿意颠覆自己。当危机真的来临的时候，巨人已经倒下了。

英特尔确实与众不同，当时摩尔和格鲁夫就决定停掉英特尔名扬全球的存储器业务，然后去做芯片。在芯片领域重新投入研发和生产，最后才有了英特尔的重新崛起。对于一个优秀的创业者来说，具备自我颠覆的能力是非常重要的。

一个初创企业只有注意以上 3 点，才能体现自己的价值，才有可能成为一家优秀的企业。

初创企业的核心要素

对于初创企业来说，以下核心要素非常重要。

品牌

初创企业一定要注意塑造自己的品牌。我们处在一个 IP 化的环境里，公司和创始人在市场中的形象基本上已经 IP 化了。因此，初创企业一定要塑造一个与众不同的品牌，并且品牌形象要呈现得明确。创业者对自我品牌的认知一定要与他人对品牌的认知统一；如果不统一，这个品牌传递的价值就是有差异的。初创企业向市场传递的信息就是所树立的品牌，是能够生存下去的品牌，而品牌是企业活下去的关键因素之一。所以，初创企业的品牌是特别重要的。塑造品牌是长远的事情，创业者在创业之初就要有品牌塑造意识，不要认为品牌的塑造是很久以后的事情。

机制

创业者一定要建立一个使企业可以良好发展的机制，如股权设立机制、竞争机制、KPI 考核机制。如果没有这些机制，企业是没办法正常运转或健康运营的。设立良好的机制是创始人必须亲自参与的工作，不应该完全交给别人。

战略

企业的战略是什么呢？初创企业就如同一艘在海上航行的船，创始人一定要知道灯塔在哪里。船到达灯塔所在地的路不可能是一条直线，因为会遇到海浪、海风和礁石，船可能会绕一个很大的弯。所以，清晰的方向就是初创企业的战略。战略明确后，就不要轻易地改变。初创企业不可能每件事情都去做，因为没有那么大的精力。聚焦自己的战略，做好一件事情就好了。

文化

初创企业要有自己的文化，而小企业的文化往往是领导文化。企业创始人的价值观、个人形象等都会影响企业的整体文化。所以，一个企业的创始人一定要注意并且注重自己的形象和企业文化建设。

速度

对于初创企业来说，最重要的是发展速度。我之前也讲过企业发展为什么必须快，因为只有快才能够快速做出决策，然后快速超越竞争对手。移动互联网时代企业发展的特点就是快速和迭代。做一个非常详细的长远计划，然后按部就班地实施，这在如今不太可能了。现在，创业者需要做 3～6 个月的计划，然后快速地完成，再定下一个目标，因为世界和市场发展的速度都是非常快的。

价值观

正确的价值观是一个初创企业长期存在和发展的基础。

核心竞争力

初创企业一定要有核心竞争力。这里的核心竞争力就是形成竞争壁垒。具备核心竞争力的企业在市场上会有更大的竞争优势，也更容易得到资本的青睐。

创业者只有掌握了初创企业的核心价值和要素，并且保持自己的初心，企业发展之路才能走得更顺畅。

创业企业的核心工作方法

复盘

复盘是创业企业的核心工作方法之一，创业者可以多阅读一些关于复盘的书籍。

复盘是一个非常重要的工具，可以贯穿我们生活以及工作的各个阶段。复盘也是很多企业的工作方法，每个企业的每个部门都应该进行复盘，我也一直在用复盘这个工具。复盘最大的好处是复盘以后，尤其是试错复盘以后，可以迭代出新的工作思路和建设性的工作成果。

那么，复盘究竟是什么呢？要复盘什么呢？简单来说，复盘就是对当天或现阶段的工作内容进行回顾和总结，从中发现问题。发现有问题，第二天或下一个阶段再遇到同样的事情，我们的做法就能够得到改进。

复盘有一个非常明确的流程，如图8-1所示。

第一个阶段是回顾目标。当初设定的目标是什么？期望的结果是什么？需要的里程碑有哪些？目标有可能是很久以后才能达到的，因此在达到目标的过程中，我们需要设定不同的里程碑。首先要确认当初的目标，然后明确每个阶段的里程碑，这都是我们要在复盘中体现的。

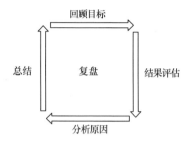

图 8-1　复盘的流程

第二个阶段是结果评估。我们需要评估两个要素：一个是目标实现得好不好，另一个是亮点和不足。我们在评估这两个要素的时候一定要和原来的目标对比。通常在这个阶段创业者容易犯的错误是就事论事的评判，也就是对事情本身去评论。但真正的结果评估是要拿结果和目标做对比的。

例如，最初的目标是 3 个月要种 100 棵树，一个月种 30 多棵，这是我们的里程碑——阶段性的目标。那么，回顾结果的时候就一定要去看有没有达到这个目标。如果 3 个月一共种了 90 棵树，没达到目标，那么我们要知道不足是什么。是每个月都没达到阶段性目标，还是前两个月达到了阶段性目标，但是第三个月没达到呢？这样分析的好处是我们能进一步看自己的亮点或不足是什么。又如，开始要求在一个地方种树，后来种的时候发现，那个地方其实不适合该树种生存。遇到问题后，我们想了一个很好的解决办法并提高了效率。虽然这样做比预期要慢，但是我们能分析出问题的原因，知道我们做得怎么样。所以，在评估结果的时候要和目标对比。在分析问题的原因的时候，要考虑人的因素、树种的因素和土地的因素，这些细节。但是，我们不要掉入细节的陷阱，一定要分析到底有没有达到目标？如果达到了，亮点是什么？

还有一种可能是目标达到了，但不是我们想要的。例如，达到了种100棵树的目标，结果第二天被风吹倒了90棵。这就要看评估的真实目标是什么？最初的目标是要种100棵树，其实是种活100棵树。我们就要分析：为什么风一吹就倒了呢？所以我们一定要与原来的真实目标对比去评估结果，这个很重要。

第三个阶段是分析原因。 分析我们成功或失败的根本原因是什么。这里面有主观原因和客观原因，我们要分清楚。例如，上文说的种树，成功的主观原因是我们很积极、努力，我们想了各种办法。客观原因是，天气比较好，路也比较好走。那么，评价失败的时候也要分主观和客观原因。例如，失败的主观原因是我们没有重视，我们只是为了完成种树任务而种树，并没想怎样把它种活。客观原因是刮了一阵风。所以，要分析这些原因并找到关键点，然后体会、反思，总结经验，找出规律。

第四个阶段是总结。 总结的时候要注意以下几点。

一是不要轻易下结论。

创业者要让大家充分去讨论。如果创业者草率地下了一个结论，大家就会对这个结论进行讨论，反而忘记去分析整个过程，而分析整个过程是更重要的。

二是新的举措。

新的举措包括两点：第一点是叫停。假设我们分析出来在这里种树是不可行的，那么一定要叫停。第二点是改进并继续。我们通过分析发现现在做得不好的地方是可以改进的。例如，因为水没跟上，或者坑挖得不够深。总之解决了这些问题，下一个阶段我们就可以达到目标了。这就是复盘的流程。

所有复盘的过程都不是为了追究责任，而是为了更好地实现下一步的目标，或者为下一步制定新的目标服务。有了复盘，就有机会迭代发展。每次复盘，最后都需要得到发展结论或者新举措。

在复盘的过程中要允许所有人发散思维、分析问题。大家可以说出很多想法，而最关键的是总结经验。发散思路，提炼总结，是为了让后面的工作能够顺利进行，这是复盘的关键。

个人复盘也是这样，每个人复盘都是为了提高自己，让自己能够在下一次做事的时候，有更好的心态或更好的办法解决问题。

复盘是一个坚持不懈的过程：学习—反思—提炼—总结—传承—实践，是一个不断进步又不断发展的过程，如图8-2所示。复盘做得越多，你就越擅长复盘，表现形式就是你能够越快地找出问题的核心。问题的核心有主观和客观两个方面，而主观和客观方面又有成功和失败的原因。怎么提高，怎么规避风险，这是我们需要通过复盘得到的一个重要结论。

复盘是一个螺旋式上升的过程，复盘之后，不能再原地踏步。复盘的结果就是我们下次做事情的时候，尽量规避遇到过的问题，然后取得新的成绩，而不是再次犯同样的错误。

复盘是一个目标驱动型的学习总结。你要有一个很明确的目标，而且你要根据它来复盘。如果没有明确的目标，就无法进行完整的复盘。有了明确的目标之后，还要有结果。结果和目标之间会有差异，这才能体现复盘的价值。这里的差异，就是我们要总结的经验。

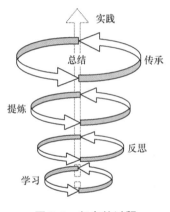

图 8-2　复盘的过程

复盘也是一种体验式的学习模式，从体验结果中反思并产生新的想法。我们要在复盘的过程中不断地总结，不要做空中楼阁般的复盘。在复盘过程中发现一些问题并进行反思，反思之后会产生新的想法。然后可以做一些培训，让新想法上升到理论高度，教给大家怎么做，注意哪些事项。

还举种树的例子。一开始我们随便拿一桶水浇，慢慢地我们发现：浇 1 升水是不够的，但是浇 3 升水树就淹死了，应该浇 2 升水。于是总结出结论：浇水一定要浇 2 升。为此，我们可以专门发明一种工具，或者创造一种容器使一次能浇 2 升水，这就是一种改进的学习方法。所以，复盘是一种工作方法，也是一种学习方法。

复盘时不要纠结成败，而要注意过程并总结。复盘也不是要追究责任，做得好的，要去发扬；做得不好的，要叫停或改进，这样才能让复盘这件事更有意义。

复盘是一个总结、领悟、提升的过程。

首先，要学会回头看。很多人做事情不愿意回头看，相信这次就这样了，下一次我会做得更好。但是，如果你不回顾，怎么能够做得更好呢？

复盘的流程看起来很简单，其实有很多要点。我希望大家能够用复盘这个高效的工具来指导工作和生活，这会对你有非常大的帮助。

高效的逻辑思维能力

高效的逻辑思维能力和复盘，是我推荐给创业企业最核心的两个工作方法。

什么是高效的逻辑思维能力呢？用电影《教父》里面的一段台词来说："花半秒就能看透事物本质的人和花一辈子都看不清事物本质的人的命运是截然不同的。"快速地看透事物本质的能力可能是很多人天生具备的，也可能是很多人一辈子也没有的。但是，这种能力是可以通过学习和锻炼获得的。

一个投资经理怎么变成一个优秀的投资人呢？首先要学会看项目，

要知道怎么从一堆项目里找出比较可靠的项目。那么，投资经理怎么过这一关呢？我的建议是看 500 个 BP。一般情况下，一个人如果基本素质可以的话，通过这个训练，就能够从这些 BP 里找出比较可靠的项目。当然，不同的人看 500 个项目的时间是不同的，有些人花 3 个月就看完了，有些人花半年，还有人花一年，这就是天赋和努力的结果。高效的逻辑思维能力是可以锻炼的。

对于一个创业者或普通职场人来说，高效的逻辑思维能力也是十分重要的。

MECE法则

MECE 的英文全称是 Mutually Exclusive Collectively Exhaustive，翻译成汉语就是"相互独立，完全穷尽"。也就是说对一个重大的议题，能够做到不重叠、不遗漏地分类，而且能够借此有效地把握问题的核心，并找到有效解决问题的方法。这个方法出自芭芭拉·明托的《金字塔原理》一书。什么是"相互独立，完全穷尽"呢？怎样将它运用在我们分析问题的过程中呢？为什么我们在分析问题的时候要用到这个法则呢？

以头痛为例，如图 8-3 所示。头痛是表象，你要分析引发头痛的原因。分析的原则是原因之间相互独立，然后用很多分析方法。例如，要分析头痛这件事情，一定要把与头痛相关的所有原因都找出来，而且它们之间应该是相互独立的。假设我们把头痛的原因分为生理原因和心理原因。生理原因又分外部原因和内部原因。外部原因可能是头被撞了，也可能是过敏了，还可能是恶劣天气影响；内部原因可能是大脑肿瘤、积水或者大脑里有其他病症。心理原因可能是压力或慢性精神病。这就是对头痛这件事情的原因探究。把所有造成头痛的原因全部分析出来，成因就比较清晰了，这时候就能判断究竟是哪一种原因造成的头痛。在分析之前，你可能认为头痛是因为昨天没睡好，这是你的第一判断。把所有原因都清晰地列举出来，然后进行分析，这种分析方法就使用了MECE法则。因此，使用MECE法则的过程就是收集信息、描述发现、得出结论和提出方案的过程。

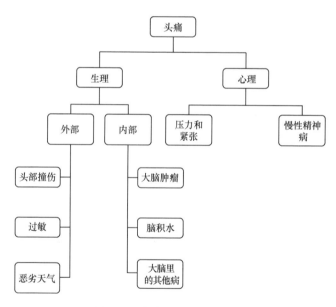

图 8-3　头痛原因列举的例子

我们在工作中怎么使用这个法则呢？例如，产品在开发过程中被发现交互性不好，这是什么原因造成的呢？不要轻易下结论说产品经理开发得不好，或者程序员技术水平不高，或者用户调研做得不好等。利用 MECE 法则，把造成交互性不好的所有原因列举出来，之后再一个一个地去分析，看是不是这个原因造成的。如果不是，就要把它排除。通过这种方法，最终找到原因，我们就可以有针对性地提出解决方案。分析问题的时候，能够使用 MECE 法则和思路来分析，你就抓住了提升高效逻辑思维能力的一个要点。大家应该学会使用 MECE 法则，熟练之后可以不用画图，在大脑里就能列出来原因。所以说，高效的逻辑思维能力是可以训练出来的。

归纳和演绎

我们这里所说的归纳是指把具备某种相同属性的事物列举出来，然后找出共同点；演绎是把相互之间形成影响的因素按照一定的顺序列出来，然后寻找突破口。归纳和演绎是两种逻辑思维能力，这是需要我们掌握的。例如，龙生龙，凤生凤，老鼠的儿子会打洞，这就是归纳；一生二，二生三，三生万物，太极生两仪，两仪生四象，四象生八卦，这就是演绎。归纳和演绎都能把具有相同属性或者具有相同特点的事物列出来，然后总结规律，再从规律中找到突破点。不同之处在于归纳是找共同点，演绎是找突破点。归纳和演绎是两种能够提高逻辑思维能力的重要工具。

有高效逻辑思维能力的人，从原因推导结果的整个过程都是很清晰的；而没有逻辑思维能力的人，怎么推导都不明白。我希望每个人都具备这种逻辑思维能力，能够用归纳、演绎以及 MECE 法则分析思考项目的全过程。

我经常先判断结论，但结论需要经过逻辑分析才可以去用，如图 8-4 所示。例如，我看一个项目的时候，基本上与创业者聊 5 分钟，对这个项目就有所了解和判断了，剩下的时间是在不断地验证我的判断。我发现，验证的结果其实和我当初做的结论区别不大。但是，这个结论必须有思考的过程做支持，不能随意得出。我发现很多人随意下结论，然后发现错误了再去改，这样其实对自己是没有任何帮助的。

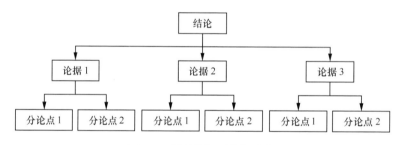

图 8-4　结论要经过逻辑分析

如果先说结论，一定要进行分析，并最终推导出这个结论。当别人质疑的时候，你就可以找出很多论点来支撑你的判断，每个论点下面又有各个分论点来支撑——支撑是层层递进的。

从下往上推是先有了一些分论点，然后得出一个论点，最后再分析得出结论。但是，先说结论是从上往下推的，这是如何做到的呢？是因为我们熟悉 MECE 法则和归纳、演绎的方法。很多人不具备从上往下去推的能力，就是因为缺乏高效的逻辑思维能力。

想象力也很重要。高效的逻辑思维能力需要想象力。我们培养洞察力，不是只能进行逻辑思维分析，更能发挥想象力。

爱因斯坦说过："**逻辑会把你从 A 带到 B，想象力能带你去任何地方。**"当你有了严谨的像机器一样的思考能力时，还需要有想象力，没有想象力的高效逻辑思维能力是不够的。我们在看项目的过程中经常会遇到这样的问题：通过这个项目本身和市场现状做推导的时候，发现 A 推到 B，B 推到 C，C 推到 D，就是个生意。如果给这个项目插上想象力的翅膀，未来消费升级场景变化之后，这个项目就不一样了，它绝对不是你用逻辑思维能推导出来的。例如，在马车到汽车的发展过程中，我们做一项市场调研。大家希望获得的最快的交通工具是什么？很多人说我希望要一匹更快的马，这就是使用逻辑推导能力得到的。但是，福特给出的答案就不一样了。他通过想象力得到的答案是汽车，一种不同于马的交通工具。

如果不具备这种想象力，就会一直从马车的角度思考问题，汽车什么时候出现就说不准了。

如果你有丰富的想象力，你就有可能颠覆原来的行业。例如，我们发现汽车多了会堵车，怎样缓解交通堵塞呢？是否能发明一种新的交通工具呢？包括人工智能、无人驾驶，甚至多层次的立体交通，这就是研究的未来。所以，想象力很重要。

我们认为，高效逻辑思维能力是很重要的，和复盘同样重要，这两种能力都是我们工作中必备的。

创业者如何通过学习获得进步

学习是每个创业者打破自己的天花板、提升格局并不断超越自己的一种非常重要的方法。学习对于我们每个人来说都是一件终身伴随的事情。

一个学习能力强的创业者，在做事情的过程中比别人更有成效。辨别一个创业者是否学习能力强，是有一些方法的。一位创业者接触新鲜事物或新的机会的时候，能够快速地把握，这样的创业者就属于学习能力强的创业者。

创业者的时间管理

对于创业者来说，时间管理是一个非常重要的话题。创业者每天的工作都很繁忙，要处理日常事务，处理团队间的关系，还要跑市场，甚至与客户交流、与投资人交流。那么，创业者究竟应该怎样管理时间？怎样在忙碌中还能抽出一些精力和时间进行学习呢？

关于创业者的时间管理，我认为要建立一个时间任务表。创业者每天需要处理大量繁杂的事务，如果能够建立一个清晰的时间任务表，在支配时间时会更得心应手一些，也就是说时间是应该被规划好的。这就像我们上学时的课程表，有上课时间和晚自习时间一样。创业时间规划可能不需要这么细，但是的确需要一个时间任务表。时间任务表里有以下几点比较重要。

第一点，要明确起始时间和截止时间。做任何一件事情，我们都不能没有期限。产品的开发、阅读一本书、学习一门课程等，都需要明确的时间点。

建立时间任务表能让你的时间管理更规范，也是控制时间和进行时间管理的一个非常重要的前提。很多创业者在这一点上做得不好。很多有拖延症的创业者会把事情往后推，觉得反正时间还早。当那件事情必须做的时候，才发现其实还有好多事情没有做，或者在做的过程中才发现它涉及的很多细小的目标还没有达到，最终需要花费的时间比想象的要多。所以，我们要尽可能地完善自己的任务表，然后按照任务表中的时间，把任务提前做好，这样才能够做到有备无患。

第二点，创业团队内部需要建立互助机制。创业是一个团队行为，每个团队成员都有自己的任务和岗位职责。在创业的过程中，团队协调是一个非常重要的环节，团队内部需要互相帮助和互相协调，这就要求创业团队建立一个互助机制。

克里斯坦森在《创新者窘境》一书中提出："创新往往来自小公司，不太可能在大公司实现，因为大公司的机制会扼杀创新。"在大公司里只要做好自己的事情，公司就会按照惯性往前发展。但创业公司不是这样的，创业公司必须建立一些互助机制，所有的工作都需要互相配合。有时候你可能要做一些不在你工作范围内的事情，有时候你还可能需要帮助别人，或者接受别人的帮助。创业团队内部建立这种互助机制，是提高自己的学习能力、协调能力的一个重要的环节。

第三点，要学会利用各种工作软件进行任务分配，协调项目的管理等。 在一个公司发展的过程中，有些事情必须借助外力，如我们需要学会使用各种工作软件。很多协同工作的 SaaS 软件能够提高工作效率，同时也能够磨合自己的团队。

第四点，要学会做减法。 在初创公司，哪些事情可以做，哪些事情可以往后放，必须创建一个表格进行说明。任何一项工作我们都要学会平衡，把投入的资源和花费的精力做一下平衡，找出最优方案，不要浪费时间。创业者要学会做短期计划和长期计划，在做计划的过程中要学会做减法，把所有想做的事情都罗列出来，然后找到一个最优的方案。

读书

创业者提高学习能力的重要途径是读书。我个人建议读纸质的书：一是你可以拿笔做记录和画重点，二是阅读感更强。当然这是我个人的看法，如果你习惯读电子书也可以。读书的多少也很重要，我要求我的团队成员每个月读一本书，然后写一篇读书笔记。读书最有收获的方式是分享，公司最好成立读书小组，每个月轮流把读书笔记分享给大家。

参加沙龙和论坛

每个创业者都会参加各种沙龙和论坛，但大家参加这种沙龙和论坛

时，一定要有选择，不是说所有的沙龙和论坛都要去参加，有些去了可能就是在浪费时间。所以，创业者一定要选择和自己的行业相关，或者和自己兴趣相关的沙龙和论坛，这样才能不断地让自己进步。

提高自控力

我建议创业者看一看《自控力》这本书。怎样控制自己的情绪，怎样克服自己的拖延症，怎样设定目标，然后按照时间节点完成任务，这本书里都有很好的阐释。自控力是我们完成既定目标的心理能力，提高自控力是一个创业者学习能力提升的标志。

初创企业与孵化器

从企业的发展来看，几乎所有的初创企业或创业企业都和孵化器或众创空间有些关系。整个创业生态链由创业者、创业团队、投资人、创业服务机构等组成。在创业服务机构中最重要的就是孵化器，孵化器在创业的初始阶段能起到非常重要的作用。

创客总部本身就是做早期项目投资和孵化的，所以我们非常熟悉这方面的内容。如果你是创业者，那么在创业初期，你要学会选择孵化器，选择一个好的孵化器或选择一个对自己有帮助的孵化器是可以让自己的创业进程加速的。另外，大家如果对创业服务这个领域感兴趣，可以了解一下孵化器，也许你下一个创业的机会就是去做一家孵化器。

孵化器的作用

孵化器的作用主要包括以下几个。

孵化器一定要有物理空间，这里不谈那种虚拟孵化。

一个相对较好的或者能给创业者带来帮助的孵化器，应该有完善的服务体系。空间很重要，有空间就可以为创业者提供办公场地和共享设施。例如，我们创客总部的孵化器，租了工位之后，其他的都不用管了。孵化器里面有水电、Wi-Fi、共享会议室，等等。创业者只需自己搬一台电脑就可以开工了。

孵化器在提供空间的同时，还应该提供服务，我们叫基础服务。什么是基础服务呢？例如，帮创业者注册公司，给创业者提供财务记账服务，为创业者提供法律咨询服务，帮创业者获取一些国家的政策支持和融资服务等。因为初创企业的创业者很多处于起步阶段，公司怎么运作、应该规避哪些法律风险、应该怎样获取一些国家的政策支持等，这些可能都需要孵化器给他们提供信息。所以，对于一个孵化器来说，给创业者一些基础支持是非常重要的。这样可以降低一个初创企业的基本风险，所以说空间和基础服务是一个孵化器最基本的功能构成。

但是，如果只做到以上两点，孵化器对创业者来说帮助并不大，只有在这个基础上衍生出一些给创业者的系统服务，才是更有意义的。我们创客总部的孵化器有大量的活动，这些活动对创业者对接上下游之间

的关系和商业合作机会很有帮助。我们还有一个服务环节是投资问道，就是帮助创业者对接投资人。初创企业如果要走资本运作这条路，非常重要的一点就是要找到投资人。很多创业者找不到合适的投资人，或者自身的商业模式是有问题的，这时候我们通过投资问道让创业者和投资人之间对接上，帮助创业者不断地改进自己，让项目越来越成熟。

如何选择孵化器

初创企业怎么挑选孵化器呢？除了这些系统的基础的服务以外，还要关注它有没有一些增值服务。例如，我们创客总部大概有十大体系的增值服务，非常细致，这对创业者来说是特别重要的。

初创企业除了选择孵化器外，还可以选择加速器，市场上有很多加速器（或者加速营）。加速器一般情况下不提供空间，而且不会针对刚开始创业的创业者。假如你要创业，但团队就两三个人，那么加速器不会认可你，因为它希望你的项目最好已经公司化和产品化了。加速器有时间限制——1～3个月，加速时间再长就没有意义了，一般情况下最多3个月。

加速器希望通过1～3个月帮你快速发展，它会给你设计大量的课程。它其实更像一个培训机构，但是它把培训内容精确化了。它会针对加速成员进行设计，通过一系列的课程来达到加速目标。这个过程中加速器会给你做大量的服务工作，这种服务工作可能是把课程做得全面，可能是请一些导师对你进行一对一的辅导等，或者把这些内容打包在一起放在加速器里面。加速器在帮你快速成功的过程中，与你分享加速的成果，这就是加速器的收益。

除了这些以外，经过了只有几个人的初创阶段之后的创业企业，还可以选择共享办公服务。共享办公服务更多的是瞄准能够付得起较高租金的企业，而很多孵化器面对的是初创企业。初创企业空间内的工位等设施可以简单点儿；但共享办公的环境要好一些，所以它收的租金也会稍高一些。

共享办公空间也会提供大量的企业服务，它颠覆了办公租房模式。办公租房基本上就是收租金，之后什么都不管了；共享空间除了收租金以外，还提供大量的增值服务。孵化器只针对初创企业，当初创企业发展到一定程度时，通过加速器加速成功了，此时如果初创企业希望继续在一个创业氛围浓厚的环境内工作，共享办公可能是一个不错的选择。

孵化器主要面对的是初创企业，所以它的服务内容一定要围绕初创企业来做。我们创客总部的孵化器在"双创"最热的时候，一个月要组织 30～40 场活动。这样的活动对于细分领域的每个行业的创业者来说，都有非常大的帮助。我们有早期基金，在做服务的过程中，我们会看中一些机会去投资。孵化早期项目很难从创业者身上赚钱，但投资是很重要的一个环节。

初创企业孵化多久比较好

我个人认为在一个孵化器里的时间不要超过一年。一个初创企业如果待在一个孵化器里一年还没有进入下一个阶段，那么就要考虑创业是不是出了问题。我认为对于初创企业来说，现在的 3 个月就好像过去的一年，时间非常重要。我们要求投资的早期项目必须在 3～6 个月走到下一轮，如果到不了下一轮，该项目基本上就要被淘汰。如果是 3 个人的创业团队进入孵化器，过了一年公司还是这 3 个人，从规模和发展上来看都是停滞的。如果这 3 个人还在苦苦挣扎，还想继续孵化，这也是允许的，但对于创业者来说，其实意义已经不大了。

创业者在孵化器里应该干什么呢？第一，要利用孵化的时间充分打磨自己的产品，要在进入市场前打磨好；第二，利用孵化器提供的大量服务，积极收集上下游对接的资源，使自己的公司快速成型，然后发展到一个比较稳定的台阶，完成小规模的测试阶段，这是在孵化器里要实践的。

几乎每个孵化器都会提供创业导师服务。创业导师和创业者之间是否有利益关系，每个孵化器是不同的。有些孵化器提供导师，如果创业者选择导师的话，到时候导师会在公司占一定的股权；有些孵化器免费提供导师。选择导师其实很重要，我的建议是在初创阶段选一个导师，这个导师最好要懂你的行业。因为很多时候导师是投资人，你要看他对这个行业有没有了解，或者你这个行业是否在他的投资范围内。如果你的行业在其投资范围，他的确能帮到你，他能告诉你一个比较清晰的发展路线。若导师非常忙，他没有时间给你辅导，你可能想图个名声，请他当了导师，但你得不到他对你的支持。我还是希望大家去找一些比较适合自己的导师。

孵化器内的成员一起参加活动非常重要，团队之间的协同发展也很重要。我们创客总部有一个环节是创始人晚餐，以前是一个月一次，现在是一个季度一次。我们会选一个行业，如教育行业，组织在教育行业创业的创始人共聚晚餐。晚餐的时候大家可以互相交流，分享一些行业内的经验。企业初创阶段，大家其实没必要考虑竞争，因为企业规模都很小，而且在这个阶段合作应该大于竞争。如果创业者把想法禁锢在自己的小世界里不告诉别人，或者不愿意与别人分享，是很难成功的，这也是我们多年验证得出的结论。因此，早期创业者之间协同发展是非常重要的。

走出孵化器之后

很多创业者在孵化器的时候，有导师，还享受很多服务。公司发展壮大后，走出孵化器，创业者发现只能自己做决策，就很不适应。如果和以前的伙伴见面聊天，可能还得花费很长时间，因为城市比较大。另外，大家都比较忙，一个季度能见一次面就不错了。这时候创业者就会有些茫然，走出孵化器以后怎么办呢？从我们孵化器离开的很多人说，还是在创客总部好，出去以后，好像没人管，总觉得缺点儿什么。但这个过程是一定要经历的。

走出孵化器后，就不能像以前那样让别人推着走，创业者得自己推着自己走。设定增长目标，然后不断去实现它，这是创业者必须做的一件事。

创业者还要做一件事，就是组织成立董事会。走出孵化器后，有 20 ～ 30 个人的时候，就必须成立一个真正的董事会，然后规范地开展活动。这个董事会做的事情要可控制，要有决议，要规范化，要有制度，要知道集体决策是要依据流程的，要知道领导拍脑袋做决策是不对的。

在我们的孵化器里，晚上 10 点钟，还有大量的人在加班。别人都在加班，你就觉得自己也应该工作，大家其实有一种对比心理。离开孵化器之后，在一个独立的办公室，每天加不加班自己说了算，因为你没有什么对比了，慢慢就会形成"朝九晚五"的上班习惯。这对于一个初创企业来说其实是不太好的，因为这会把自己的锐气慢慢磨掉。所以，初创企业还是应该保持紧迫感。

总结一下，创业企业最好能够进入一个孵化器，选择一个优秀的孵化器对创业者很重要。进入孵化器之后，应该充分利用孵化器的服务，让企业快速地成长，离开孵化器之后还应该继续保持创业的激情。

CHAPTER 9

第九章

在风口中起飞：创业机会分析

本书的第一章讲的是趋势。我认为创业者知道大的行业趋势，知道国家经济发展趋势是一件非常重要的事情。只有把握好趋势，在创业的路上才不会走错路。我们经常说创业者决定要做的事情直接决定了其是否能够成功，所以决定干什么事情是非常重要的。

传统行业转型

未来5～10年，企业在发展过程中有哪些市场机遇呢？传统行业的转型升级是一个非常大的创业机会。因为传统行业的转型升级是很难依靠自身的惯性完成的，它一定需要与创新创业相结合。因此，创业项目和传统行业转型升级的结合就是一个非常好的点。传统行业转型升级必须走三条路：第一条是要看未来发展的趋势在哪里；第二条是必须树立技术门槛，传统行业企业如果没有一定的技术创新就很难转型成功；第三条是要走出国门，放眼全世界，"一带一路"的巨大市场才是蓝海，华为的发展就是很好的一个例子。

行业龙头并购

我们现在处于移动互联网时代，行业龙头并购是一个必然趋势。在之前的互联网发展时期，每个行业里都会有前三名。门户网站有新浪、搜狐、网易；即时通信软件有 MSN、QQ、雅虎 Message；旅游行业有艺龙、携程、去哪儿网等。整个市场竞争并没有细分化，竞争不够充分和激烈，用户还是通过单一途径（如搜索引擎）来获取信息，所以一个行业里还能存活下来前三名：第一名肯定是做得最好的；第二名能吃点儿"肉"；第三名只能喝点儿"汤"，但是它不会倒闭。

移动互联网时代，一切都改变了。在移动互联网细分领域，只有第一名才会被消费者记住。如果你做不到第一名，那就只有两种可能：一种是被消灭，另一种是被并购。我们可以看到滴滴和快滴合并，携程并购去哪儿网，美团收购大众点评，等等。这些都是移动互联网的出现使消费者的需求被完全细分化的结果。我们不再通过以前统一的方式，如搜索引擎或门户网站获取信息，而是通过非常碎片化的细分通道获取信息。举个最明显的例子，我们使用手机时，大部分时间不是使用搜索引擎，而是直接通过 App 去访问。流量入口的改变也改变了消费者的习惯。无线取代有线最大的变化是我们可以随时随地发起请求，我们对信息的要求变成了即时、快捷和碎片化。在这种情况下，行业细分领域很难允许第二名的存在。

因此，在移动互联网时代，创业就一定要做第一名。大家肯定会问："是不是我们创业者就没有机会了呢？我们怎么与巨头竞争呢？"移动互联网给创业者带来了一个非常大的机会，那就是所有的行业会越来越细分化，市场越来越下沉。细分的意思就是所有小众人群的需求会被体现出来。以前讲大众需求，现在都讲小众需求。例如，旅游市场。携程能把旅游市场垄断了吗？不可能，因为旅游市场一定会越来越细分化。例如，一些定制的高端旅游能满足小众人群的需求；特色民宿，包括一些农家乐，成为细分领域的旅游市场；旅游和体育结合则形成一种新型细分市场，如普吉岛的塔亚普拉运动健康度假区模式、马拉松加旅游等。这些都是大平台无法深入的领域，它们给创业者带来了很多机会。

在移动互联网时代的行业细分领域里，既然只能留下第一名，创业者就一定要找到一个细分领域，争取做到第一名。领域小没关系，要找到小众人群的痛点，做客户黏性和增值服务扩展，这样就可能成功。

移动应用平台化 + 垂直化

移动互联网的深入发展使移动应用在平台化和垂直化两个方面实现了突破。什么叫平台化？移动互联网的流量越来越多地集中在巨头手里，如微信、微博、淘宝和支付宝。我们看看微信就很清楚了，微信在刚推出的时候就是个聊天工具，主打两个功能：一是发语音，二是摇一摇。现在微信已完全平台化了，变成了流量入口，除了聊天功能以外，还可以在微信上叫车、理财、购物、生活缴费，等等。其他的移动应用也是这样越来越平台化。流量都被集中起来了，那么创业者的机会在哪里？创业者一定要考虑垂直化，移动互联网使整个行业越来越细分化了，这时候垂直化的创业机会就出现了。在一个垂直的细分领域，可以获取用户。这时候平台也能导流量，平台是特别欢迎这种垂直化的细分领域出现的，因为垂直化的细分领域和平台可以相结合，共同生长，形成生态。

移动互联网与硬件紧密结合

未来我们认知世界和认知环境，一定不是通过现在这种方式。现在我们通过自己的体感或者通过手机上的天气预报，判断今天穿个厚点的外套或者可能要下雨，要带把伞。但是，在"智能+"时代，当传感器布满这个世界的时候，我们的服装、手表、眼镜可能全都是传感器。那时候我们感知外界的媒介是传感器，传感器会告诉我们应该怎么做。出门之前，传感器就会告诉我们，今天穿的衣服少，很容易感冒，应该穿什么衣服。未来，我们的手机肯定也是会被取代的，它的屏显功能会被AR眼镜取代。我觉得三五年之后AR眼镜一定会取代我们现在戴的眼镜，而且功能要强大得多。那时我们获取的视觉信息大部分不是通过眼睛获得的视觉信息，而是通过AR眼镜的视觉传回信息在大脑内成像，也就是说我们不太会用眼睛判断东西了。未来，我们的鞋或服饰都会是穿戴设备，它们会记录我们所有的运动，然后告诉我们今天消耗了多少卡路里，还需要再出去走多少步，否则脂肪会增加多少。如果我们按这些人工智能的引导去做，我们的身材和饮食习惯一定会更好。

科技创新取代模式创新

  一个国家的经济发展一定会先经历模式创新阶段。模式创新是做存量的，打个比方，就是把左口袋的钱放在右口袋。模式创新很难创造增量，一个国家的经济增量一定是靠技术创新或科技创新取得的。在第一次工业革命以及第二次工业革命中，推动人类社会发展的是蒸汽发动机和汽车、火车、纺织机等新技术。

  20 世纪伟大的发明，如芯片、半导体、计算机等，都是在硅谷诞生的，直到现在它们还在推动世界文明的发展，这也是美国国力雄厚的原因。现阶段，模式创新已经遇到了瓶颈，或者说生产关系的创新和进步已经走到了极致，需要依靠生产力的发展推动经济和社会发展。这就是人们热衷于人工智能、科技成果转化的原因。泛人工智能创新其实是科技创新的缩影。人工智能未来会对大的行业和环境及每个人都有非常重要的影响。

  因此，未来10～20 年，以技术创新为核心、以消费升级为基础的创业会成为市场主导。技术革命引领创业浪潮，未来一定是科技人员创业的黄金时代。移动互联的下一代不管是物联网还是区块链技术网络，都将是技术革命的产物。

  我相信未来几十年人类的发展可能会超越之前几百年甚至数

千年的发展，人工智能以及技术创新会极大地影响人类前进的步伐。但是，也有很多技术创新是有泡沫的。所有的技术创新都应该考虑其针对的细分领域的应用。抛开产业化前景和满足消费升级为基础的市场应用，只谈技术创新是有问题的，这一点创业者一定要牢记。投资人的嗅觉是最敏锐的，只有那些和市场紧密结合、有用户场景的技术创新项目才能走得更远。

消费升级领域的创业分析

消费升级（消费分级也是消费升级的一种形式）将推动中国经济的转型和升级，这是大家都能看到的一个事实。我们把消费升级分为实物消费和虚拟消费：实物消费就是我们能够看到的实际物质消费，虚拟消费包括知识经济、IP、二次元等泛文化领域的消费。

实物消费

对于实物消费来说，商品和服务品质的提升是一个关键。我国经济发展经历了三次升级。我国原来是一个农业化的国家，后来有了纺织，有了轻工业，这是一个进步，这属于第一次经济升级。第二次经济升级是家用电器大量进入市场。第三次经济升级就是现在我们说的消费升级。以前由于产品供给不足，消费者能买到商品就不错了，所以重心并不是商品和服务的品质提升。商品经济时代产能过剩，会淘汰一些服务品质不好的产品，这就使商品和服务的品质得到大幅提升。以前，一种款式的衣服很多人穿，大家也没有觉得不好。现在，当你发现另外一个人跟你穿同款的衣服时，你可能会觉得别扭，这就是我们对商品品质的要求提升了。服务提升也很重要，例如我们去一个餐馆吃饭，如果这个餐馆的服务不好，可能下次就不会去了。因此，服务和商品品质的提升，是消费升级非常重要的一个环节。

⭕ 品牌建立

商品品质提升之后，大家一定会越来越注重商品的品牌。对于一个企业来说，要想成为百年老店，就要构建一个持久的品牌。可口可乐的总裁曾言，即使可口可乐所有的工厂被一把火全部烧掉了，第二天他们也可以重造一个跟以前一模一样的可口可乐工厂。无论对于可口可乐，还是其他公司来说，品牌是最重要的。品牌只要存在，其他都是可以重建的。品牌一旦垮掉了，就可能失去一切。不管是初创企业还是成立很久的大公司，现在都越来越注重品牌的塑造了。

品牌有两个方面的内容：一方面是你自己认为你的品牌是什么样子，另一方面是消费者认为你的品牌是什么形象。如果你和消费者的认知是一致的，那么这就是一个好的品牌。如果双方的认知不一致，那么你就要考虑中间哪个环节出现了问题。

⭕ "粉丝"

在实物消费领域，一定会出现"粉丝"。他们不仅购买产品，同时也对产品有一种认知和认同的狂热。很多消费者就是苹果产品的"粉丝"，他们可以在苹果产品预售的时候，彻夜排队等待产品发售。未来"粉丝"会越来越集中，每个产品都会有自己的"粉丝"，"粉丝"会形成消费社群。当然，"粉丝"也是有可能转移的。现在有了"粉丝"不代表可以高枕无忧了，如果产品质量出了问题，或者产品对"粉丝"的吸引力减弱了，他们就会离开。

有"粉丝"的好处还在于他们还可以监督你。很多"粉丝"会给你提建议，他们甚至会变成你的产品的不花钱的兼职产品经理和测试人员，他们希望你能改进，变得更好，他们也会以你的产品为荣，而且他们会成为你的精神股东。他是最好的一批消费者，所以一定要维护好你的"粉丝"。

⤵ 买到更好的产品

产能过剩之后，我们的选择更加多样化。过去买副眼镜，只有几种选择。现在买眼镜，你会发现有各种各样的，它们能适应不同的环境，如开车戴的、平时工作戴的和专门跑步戴的，等等。选择的多样性会造成选择越来越个性化。为了让消费者买到更好的产品，厂家会建立强大的分销体系，这样才能让它的产品快速地到达消费者的手中。对于消费者来说，最大的问题是由商品短缺变成了选择困难。因为选择太多，帮助消费者做选择就变成了一个市场机会，很多购物导航、购物比价网等，都是满足这种需求的。但是，后来它们都被淘汰了，是因为这种服务不能满足个性化的需求。因此，越来越多细分行业的电商出现了，如网易严选、必要商城及各种海淘网站，等等。

⊃ 更低的获客成本和更高的复购率

垂直驱动市场形成后，企业的产品便能获取更高的复购率，企业的获客成本也更低。为什么呢？创业者在做商品的市场分析时，如要生产一个产品，首先要做的是看这个产品的成本是多少，然后生产出来，确定售价是多少、利润是多少、经销商以什么价格卖给消费者，然后厂家和经销商一起打广告。现在，因为消费者越来越细分化，"粉丝"会根据自己的消费心态来选择产品。如果还像以前那样满世界打广告，获客成本会非常高，因为你要从大量的初级市场中去筛人。如果能够确定一个垂直领域市场，你就能构建消费的有效市场，或者如果你有自己的"粉丝"，你的获客成本就会变低。当你发现自己的客户群之后，就不但能够降低获客成本，而且能够提高复购率。因为你的客户一旦对这个产品产生认知，就会主动积极地关注产品的升级换代，成为产品的"粉丝"，同时还会推荐更多人来购买。

🔑 虚拟消费

消费升级的另外一个细分领域是虚拟消费，这一领域又叫泛文化领域。虚拟消费和实物消费是相对应的。当我们的日常生活和实物消费需求得到满足之后，精神层面的需求就更迫切了。

消费升级的虚拟消费领域有非常大的潜力。在泛文化领域，有电影、阅读、知识付费、移动游戏、秀场娱乐、二次元经济、IP 经济等大

量的创业机会。例如，中国的电影市场爆炸式增长是大家没有预料到的
（经常出现票房纪录被刷新的情况），以前我们可能担心电影被盗版，
但当我们对品质和服务的需求提高之后，我们就会更尊重原创，会更喜
欢坐在舒服的电影院里看电影。

虚拟消费领域的机会来自3个环节：内容生产环节、内容分发环节、
内容消费环节。可以说，所有的创业机会都来自这3个环节。

⟩IP 经济

我们把 IP 经济分为上游、中游和下游3个环节。IP 经济包括储备和
交易、自主开发、创作、收购、培育原创等。上游环节现在有百亿级的
市场，未来可能还会更大。

现在大量的电视剧和电影都有一个原创 IP 形象，故事来自上游环
节的创作。在这个行业，如果你能抓到类似原创的米老鼠和唐老鸭的版
权，再往下就好做了。问题是怎样创作出米老鼠和唐老鸭这样的 IP？所
以上游开发是十分重要的一个环节。

中游环节通过电影、电视剧、网络剧等方式实现内容的变现，这是
一个千亿级容量的市场。IP 通过包装，然后市场化。市场化有电影、电
视剧、网络剧等各种方式。

下游环节则是游戏、动漫衍生品、主题公园（国内很多的文创园），
等等。IP 出现后，要通过大家喜闻乐见的形式传播出去，同时创业者要
做和 IP 相关的衍生品。

迪士尼就是把 IP 经济的上游、中游和下游各个环节全部做好的一家

优秀的公司。它创造了唐老鸭、米老鼠等一些家喻户晓的 IP 形象，然后把这些形象包装成大量的电影、电视剧、动画片、漫画等，吸引了一代又一代的人。同时，在下游环节它又做了大量的游戏衍生品，甚至建了主题公园。

创业者在一个行业创业，一开始要看准切入点，要确定究竟是从上游切入、中游切入还是下游切入。现在市场越来越细分化，每个创业者都要去找到市场切入点，要用一把"开鱼刀"来切开市场。

兼顾上下游，可能不是一个好的选择。创业者从哪个点切入，是要看所拥有的资源以及资源的匹配程度和创业者的能力的。另外，国家对文化产业的重视以及近年来加强版权监管，也为 IP 创作、变现及升值创造了良好的政策环境。

➡ 二次元经济

二次元经济可以分为几个产业链：第一是内容平台，第二是同人社区，第三是周边产业，第四是垂直社交。

（1）内容平台

内容平台通过合法引进和购买版权聚集大量用户。二次元的受众是十几岁的孩子，以女孩为主。二次元相对于三次元来说是平面的，它更多地聚集在漫画上。因为漫画是平面的，所以二维空间就被叫作二次元。日本有大量原创的动漫，这些动漫引入中国后，中国的二次元人群大量增加。目前国产的二次元内容也在增长，最大的社群是哔哩哔哩（B 站）。

（2）同人社区

同人社区指的是根据二次元内容里面的某一个人物，写出新的故事来。有很多人在做同人社区，如经典的武侠小说创造了很多个有名的IP。你可以根据其中的一个IP，如令狐冲，写一段他的传奇故事或冒险故事。只用他的名字进行创作，这叫同人文学创作。

这里面有很多细节，如你打原创牌，因为用了原创IP人物，但是故事是翻新的，这有可能存在版权问题。你用了人家的名字，这可能有版权问题，但是你的内容又和他的不相符。早期创业者要考虑法律在这方面的监管和界限问题。现在内容平台基本上被垄断了，但同人社区是可以做的，因为创作是无穷的。

（3）周边产业

周边产业非常大，如二次元的手办。正版的手办是很贵的，但很多人会收集它。很多人会去买一些Cosplay（动漫角色扮演）的服装，参加一些Cosplay的活动。在一些动漫展上经常有Cosplay的一些人物，他们还会做一些表演，表演内容有的是剧情有的不是剧情。在中国有大量的Cosplay社团，这种社团组织经常会参与表演。二次元的需求其实挺大的，而且它针对的是非常年轻的群体。年轻群体的消费观是喜欢就去买，所以他们不太看重东西的价格。

（4）垂直社交

二次元之间的垂直社交非常有黏性，二次元之间会进行交流。如柯南一个动画片里面有两个女主人公，一个叫毛利兰，另一个叫灰原哀。

在二次元阵营里有人认为柯南应该和毛利兰在一起，还有人认为柯南应该和灰原哀在一起。这就形成了两个"党派"，一个叫新兰党，另一个叫柯哀党，这两个组织经常竞争。所以，垂直社交可以做强黏性的社交平台。

2018 年，中国的二次元用户总人数为 3.7 亿人，2020 年二次元产业市场规模将达 6000 亿元。在这个行业里创业者要看从哪个细分领域进去，因为这个领域的用户相对非常集中，而且购买行为一定是以他们的爱好、兴趣为导向的。

➲ 秀场娱乐

秀场娱乐就是我们所说的直播经济。直播经济促进了很多网红的出现，网红慢慢变成了一个 KOL，他完全可以影响他的一些"粉丝"，可以通过做电商使一些商品变现。这是秀场经济最直接的变现方式。秀场经济现在的变现模式并不是以电商或商品变现为主，它更多的是精神消费的变现，如打赏就是纯粹为网红的表演打赏的。这就形成了一个产业链，平台组织流量，负责宣传和聚人气；然后网红成为平台上流量聚集的焦点，消费者通过平台和网红进行互动，最后平台和网红一起分钱。

在秀场经济里，我们看到了多样化的直播，以前直播可能更多的是唱歌、跳舞表演。现在有直播做饭的、打游戏的，也有直播育儿的，等等。消费者有了多样性的需求，才会有多样性的直播方式。眼下还出现了更加丰富的消费场景，如网红工作室，专门培养网红，还有一些人专门在平台上帮着刷流量，等等。这个市场变得越来越复杂。对于创业者来说，现在进入这个市场的门槛会比较高，因为成本已经很高了。创业者要想培养出一个网红来，花费的代价将是很大的。

秀场经济目前流量最集中的是抖音和快手这样的短视频直播平台。抖音的出现顺应了时代发展趋势，自2017年以来，它通过热点运营、明星带流量、扶持达人快速形成"年轻人的潮流玩法"调性，迅速实现了用户规模化。抖音用"音乐＋短视频＋社交"的方式切入近几年最热门的音乐以及短视频行业。因此，抖音虽然属于秀场娱乐行业，但是横跨了多个领域。

抖音解决了用户的什么痛点呢？

抖音使普通年轻用户获得了感官的刺激与价值观的认同，填补了孤独；让拍摄者满足于炫耀，并实现变现。

我们目前看到的抖音广告，主要有以下几类。

（1）视频信息流中插入广告

用户在下滑观看下一条视频时，可能"一不小心"就滑到了中插广告。对于抖音来说，它们不仅是广告，也是优质的短视频。

（2）直播

和大多数采用秀场的直播模式不同，抖音模仿了Instagram（一款社交应用软件）的直播功能，用户只可观看已关注网红的直播内容，这种直播形式服务于优质短视频积累的粉丝互动，也可以看成未来抖音向社交转型的一步。

（3）电商流量入口

在抖音号的短视频中有购物车按钮，点击后便出现商品推荐。

除了平台的分红，很多网红用户在个人主页也纷纷贴出了自己的微信及微博地址，鼓励大家加微信、微博，然后做微商。抖音在主页添加了用户的微博入口，似乎也默许了达人引流至平台外变现。

（4）知识付费

得到、樊登读书会和喜马拉雅是知识付费领域的几个知名代表，知识付费领域的商业模式较清晰，这里就不再赘述了。知识付费领域的客户比较固定，创业者如果希望切入这个行业，一定要看一下自己手中的资源，因为知识都是有出处的，掌握细分领域头部资源的知识服务项目应该还有成长的空间。另外，知识是可以创新和发展的，不要担心垄断，小众人群也有提供服务的价值，前提是知识服务足够让用户心动并愿意付费。知识付费的人群没有大众娱乐的人群多，我觉得知识付费应该不断推广，更多的人还是希望通过一定的渠道获取想要的知识的。在互联网的海量数据中，真正有价值的适合自己的知识是需要被总结和提炼出来的。

消费升级领域的创业关键点

我认为消费升级是未来中国经济转型升级的一个重要方向。本节将详细分析消费升级领域的特征，这些特征是我们在创业过程中必须把握的。

⤵ 从流量思维到变现思维

在消费升级领域创业，要看到不管是实物消费还是虚拟消费的思维都发生了变化：由流量思维转变为变现思维。也就是说，我们要更多地关注能够创造多少收费用户或者有多少收费用户，而不是有多少注册用户。

以前 App 有多少下载用户，日活量是多少，月活量是多少，当然这些数据现在也很重要，但更重要的是有多少收费用户，这是现在我们看项目时的要点。因为流量是可以花钱买的，而且流量的沉淀很难控制，我们还是希望消费者花钱表决对产品的认可程度，这个更重要一些。因此，我们现在更多的是看收费用户的成长和收费用户的变化。

对于创业者来说，现在做事情更多的是去看能不能获取有效的收费用户。创业者要发现用户、找到用户、解决用户的痛点，同时还要看能不能创造价值和获取利润，要抛弃之前的流量思维。

⤵ 垂直人群的垂直场景

垂直人群的垂直场景特别重要。以前做产品是厂家生产出来，估算它的成本是多少，然后加上利润卖给经销商，再通过渠道卖给消费者。现在我们一定不要这么做产品了。在整个移动互联网时代，用户越来越细分化，垂直人群的垂直用户场景越来越受到大家的认可。因此，现在我们做产品，要先去找谁用这个产品，也就是谁是产品的用户，然后再分析用户在什么样的场景下使用产品。这里涉及两点：第一点是谁是这个产品的用户，第二点是用户会在什么场景下使用这个产品。举个例子，我是樊登读书会的会员。樊登每周都会用 30～40 分钟把一本书讲完，他不是念这本书，而是用一些语言重新组织和分析这本书。樊登读书会的用户场景是什么呢？在很长一段时间内，我并没有找到用户场景。后来我去跑步，如果时间允许，我每天会跑 5 千米，前后拉伸时间加跑步时间是 40 分钟左右，正好能听一本书。我找到垂直场景之后，就逐渐地变成了它的忠实用户。后来我也与樊登成为朋友，并经常交流一些对书、对事物的看法。

现在的消费场景和传统的消费场景相比已经有了很大变化，我们会在一个垂直场景里消费产品或者服务。人的消费思维改变之后，产品和服务的提供商一定要改变营销方法和策略，否则就会出现问题。

找到效率提升点

每个行业都有自己的产业链，每个产业链都是由不同环节构成的，都是一个环节套一个环节的。

创业有两种做法：一种做法是把这个环节打破，重做一条产业链；另一种做法是对某条产业链的某一个环节进行创新。例如，原来有 5 个环节，我们做了一件事情，让它变成 4 个环节，这就提高了效率，找到了这个行业发展中提升效率的点。

创业者在创业的过程中（特别在是移动互联网时代），一定要找到效率提升点。如果创业者把原来比较复杂的事情简化了，就是找到了效率提升点；如果创业者把原来的环节变得更复杂，那就没有什么投资价值了。

⟳ 形成 KOL

KOL 与社群相关。罗振宇就是罗辑思维的 KOL，樊登就是樊登读书会的 KOL。未来所有产品和服务都会有 KOL。KOL 有可能是创业者自己，也有可能是其塑造的一个人物。但不管是谁，未来所有创业细分领域都会形成 KOL，而且 KOL 会左右整个社群的意见。

《乌合之众：大众心理研究》是斯塔夫·勒庞在法国大革命时期写的。这本书对社群经济的定义和对社群的阐述，直到今天仍然能够指引我们。当今社群经济已经成为潮流，这本书对社群思维的引导是非常有前瞻性的。它提到，在社群化形成的过程中，社群的集体智商一定会低于社群里面所有人的平均智商，即一旦形成社群，人就会变傻。的确是这样，在社群里，我们会盲目相信一些在平时看起来不太可靠的事情。同时，社群里会有 KOL。社群的 KOL 很重要，他会引导社群。现在的消费升级就会形成这样的 KOL，而且这样的 KOL 或多或少地会影响社群里的成员对产品的看法，如网红直播带货现象等。创业公司如果要做和消费升级相关的创业和服务，就要看是不是能够形成 KOL，也就说能不能形成"粉丝"和消费社群，这个非常重要。

⟳ 以碎片化时间为基础的商业模式

互联网时代和移动互联网时代的区别其实就是有线和无线的区别。在互联网时代，我们的工作场景和电脑连接，离开电脑之后，互联网就几乎中断了，用户行为场景被分割了。在移动互联网时代，用户行为场景是可以不被分割的。因为有手机，我们随时可以移动办公，随时可以在微信上与别人互动，变成了一个实时在线的人。这时候，我们所有的时间都被碎片化了。

统计报告显示，现在每个人平均7～8分钟要看一下手机，也就是说大量的时间都被碎片化了。

创业者的所有商业模式的设置都要考虑消费者的碎片化需求。消费者已经很难花大量时间听创业者阐述商业模式了。创业者用一大段文字、一大段视频来推广产品或者服务，虽然讲得非常好，但消费者看不下去，因为他们关注一件事情的时间只有2～5分钟。创业者若在一两分钟之内没办法吸引消费者，就会错过这个用户。因此，创业者在构建商业模式的时候，一定要考虑消费者的碎片时间。为什么现在短视频非常流行，就是因为我们没有那么多的时间去接受消费场景的灌输。

因此，引起用户的兴趣，让他关注你的产品，非常重要。所以，现在做产品或者做宣传的时候，"标题党"很多。我们每天看很多东西，若标题不吸引人，就很难点进去看。

热点事件往往是大家最关注的，你的内容如果和热点事件相关，大家就会多关注。吸引用户是创业者做产品和服务时首先要考虑的问题。

互联网有3个特点：海量数据、数据冗余和免费。在移动互联网时代的碎片化商业场景构建之后，这些特点全部失效了。你觉得海量数据有用吗？当你想搜一个问题的时候，搜索引擎会给出很多个不相关的答案，你会觉得这是浪费时间。搜索引擎现在被诟病有两个原因：第一它不能提供实时信息的搜索，第二它不能给我们提供我们想要的信息。一些垂直领域的搜索反而会更受欢迎，如知乎就提供了一些垂直领域的知识，让我们觉得更有效。

免费也失去优势了，因为我们希望获得我们需要的知识，并愿意为此付费。很多人已养成了这种习惯：可以付一些钱，但是需要快速得到想要的知识，而不是那些免费的垃圾知识。人工智能和大数据算法可以推送给我们这种知识，我们为知识付费也觉得心甘情愿。所以在互联网的三大要素全部被颠覆之后，移动互联网的商业模式就是建立在碎片化信息和时间基础之上的。

新零售领域的创业分析

新零售是指企业以互联网为依托，通过使用大数据、人工智能等先进技术，对商品的生产、流通与销售过程进行升级改造，进而重塑业态结构和生态圈，并对线上服务、线下体验及现代物流进行深度融合的零售新模式。

新零售是一个非常新的概念。这个领域最有名的人就是马云，是他提出了新零售这个概念，然后新零售就流行起来了。新零售其实也是消费升级，但它和消费升级还是有一些不同的。创业者在新零售这个行业找到创业机会，也和很多传统行业的转型相关。但是，新零售不等于无人零售或者无人货架，如果你不理解新零售而去创业，可能会血本无归。

线上+线下

要讲新零售行业的创业，还要从线上与线下的结合开始。O2O 在 2015 年达到顶点，当年大量的 O2O 项目失败了。我记得当时有一篇很有名的文章叫作《死掉的 O2O 创业项目的一览表》，列举的项目有上百个。当时的 O2O 变成了一只迎风口飞上天的猪，随后风停的时候就掉下来摔死了。2015 年之后出现了一种现象，即没有人敢说自己是 O2O 创业者，因为这样说创业者就融不到钱，大家都在避免和 O2O 这个概念发生关系。我想告诉创业者，现在我们讲的新零售其实还是 O2O，那些失败的 O2O 创业大部分是从线上到线下，也就是以线上为主，线下为辅。

很多 O2O 项目是从线上往线下做的，更多的是做线上的运营，强调线上，强调互联网团队操作，而轻线下，认为线下是线上的补充。当时 O2O 项目的情况，就好像只要上网就行了，一切都是从线上出发的。很多项目失败的原因并不是做得不好，而是当时线上发展得太快，线下没有跟上。线上的互联网思维没什么错误，互联网本来就是工具，但是线下的物流配送、产业链数据分析，包括人员的素质都没有跟上线上。线上与线下脱节的后果就是造成了整个 O2O 模式的断裂。我们讲 O2O 是双轮驱动，一个轮有缺陷肯定是不行的。我们现在所说的新零售，基本上是从线下开始做，然后再做线上，把线上作为线下的一个辅助工具。这样意义就完全不同了，这样的 O2O 或者说这样的新零售才有机会成功。

现在很多线上消费数据在阿里巴巴手里，很多社交数据在腾讯手里，很多搜索需求数据在百度和今日头条手里。阿里巴巴为什么要推新零售，因为它掌握线上数据，希望能够掌握线下数据，从而打通数据链。

我们在淘宝上买的任何一件商品都会留下痕迹，数据知道你是谁，你什么时候买的，你买这个的时候还买了其他一些什么商品，关联度是怎么样的，它甚至可以根据你的购买习惯给你推送一些产品。但是，你的线下消费行为它是不知道的。你去一个餐馆里吃饭，如果你不是用支付宝或微信支付，而是用现金支付，它是不知道你的支付行为的。你点了什么菜，你是谁，它更无从知晓。你到沃尔玛去买一瓶可乐，它也不知道是谁买的。这就造成了阿里巴巴线下数据的缺失。因此，新零售就是要补足线下的数据，打通整个数据行业（美团现在构建的模式其实是打通了线上与线下的生活消费数据）。随着新技术的突破，如语音识别、图像识别、三维成像等，线下购物环境中会有更多的技术互动。这种技术互动会使新零售行业进一步发展（当然，技术的发展也会产生另外一个问题，那就是数据的安全问题和个人隐私问题）。

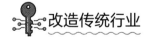

改造传统行业

阿里巴巴的线下营销业态是为了从两方面改造传统行业：一是提高传统零售业的运营效率，二是降低传统行业的运营成本。

怎样提高传统零售业的运营效率和降低运营成本呢？传统行业零售人员在进货的过程中很难对货物进行定位，他们掌握的数据只是这个货物卖得快或者卖得慢，卖得快就多进货。但大部分情况下，他们掌握的数据是不够的，零售人员需要掌握和商品相关的更多销售数据，才能指导后端对商品进行补货，增加或减少库存。

以餐饮行业为例进行说明。在餐饮行业中，如果问翻台率和什么相关，答案就是和很多事情相关，如吃饭的时间、菜品的调整等。我们并不能预判什么时候翻台率会增加，或者什么时候翻台率会减少，这些一定要有大数据来支撑。这种大数据的支撑就是对传统行业的改造。在移动互联网时代，线上和线下结合之后，我们就可以掌握数据。数据是谁提供的呢？是拥有数据的互联网公司提供的，它们与传统行业合作，这样能改造整个传统行业的运营。新零售的核心就是打通线上与线下数据，然后实现零库存。这样可以更好地获取用户的数据，从用户的需求出发，然后根据用户的需求进行生产。

新零售的核心

新零售是线上与线下相结合，实现零库存，从而使 B2C 模式彻底向 C2B 模式转变。C2B 模式是什么呢？C2B 模式是从用户端发起的。例如服装行业。现在越来越多的服装都是定制的，越来越多的服装都是设计师品牌服装。这是怎么回事呢？设计师会在网站上先放上这个产品的版式，征求大家的意见，然后再根据大家的意见修改版式，修改后开始预售。预售时大家可以交一些预付金，就像众筹一样。大家交一些预付金给设计师，设计师会根据大家的需求委托工厂生产，之后发货给大家。大家拿回去以后觉得很好，就会有更多的人愿意买，等大家凑够了数量，再让厂家生产。这完全不是原来那种先生产后销售的方式了，是先获取用户需求，然后再满足用户的需求，这就是 C2B 模式。所以，我们说未来消费升级或者新零售的核心一定是这么几点：一是 C2B；二是设计师品牌；三是小众化，就是产品不再去满足大众消费者的需求，而是满足越来越多的小众消费者的需求。对小众消费者不能用 B2C 的方式进行销售，一定要用 C2B 的方式，因为消费者会跟着品牌消费，我们把这种生产消费链称为柔性供应链。柔性供应链的特点就是供应链会随时随客户的需求和整个生产环节的数据变化而变化，我们可以改变其中任何一个环节，而不会影响整个流程。无印良品、优衣库都是用的柔性供应链。

新零售的创业机会

移动互联网把整个市场越切越碎，创业者最好找一个点去创业，找到切开市场的"开鱼刀"，小众用户的需求才是创业的机会。

小众化的跨境服务未来将大众化，因为电子商务会让整个贸易市场全球化和扁平化，不存在只服务一个区域市场的情况了。未来创业者服务的可能是全球市场，因为未来所有的服务都会跨境，商品流通性和流动性会越来越强。

新零售的基础是要把数据服务做好。大数据能指导整个新零售的突破。没有大数据的指导，新零售和传统零售就没什么区别，所以数据服务会成为刚需。大量的数据不在创业者手里，而在巨头手里。但是，这些数据是需要清洗和重组的，也是需要备件模型的，这就需要数据服务工作。这个工作巨头是没办法做的，因为这些数据在不同的行业有不同的用法，所以清洗数据、做数据模型和对数据进行重新梳理，是新零售领域的一个创业机会（数据服务创业一定要合法合规，注意保护用户隐私）。

当然，新零售领域也有很多与技术创新相关的创业领域，如数字物流、机器人送货、无人机送货，等等。因此，未来中国一定是技术创新引领潮流，模式创新逐渐衰落，技术创新会为新零售的发展插上翅膀。

AI 领域的创业分析

AlphaGo 战胜了李世石和柯洁，轰动了整个世界，机器正在通过算力帮助人类完成很多以前无法完成的工作。《奇点临近》是一本有关人工智能的书，该书的副书名是：2045 年，机器战胜人类。这本书分析了人工智能的发展方向，认为现在世界上最强计算机的运算能力大概是现在人类大脑运算能力的 1%（运算能力不等于计算能力）。依据摩尔定律，机器战胜人类是需要时间的。当机器超越人类的时候，它就完全可以像人一样思考和运算。情感其实也是一种运算能力，不是只有人会生气和烦恼，给机器增加这些运算方法，它也能做到这一点。所以，人工智能对整个国家甚至世界的发展，都将是颠覆性的。当然，世界上反对这种观点的科学家也有很多。很多人认为人工智能只是人类的辅助，不会超越和取代人类。

大数据的兴起和物联网的碰撞激发了一个更伟大的时代，那就是人工智能时代。在人工智能 + 无限应用场景的时代，我们能做哪些事情呢？物联网是移动互联网的下一代，当地球被传感器覆盖的时候，我们就会进入万物互联的世界，物联网加上大数据就是智能 + 时代。我国有个相关的报告叫《新一代人工智能发展规划》，是 2017 年 7 月 8 日发布的，我们应该记住这个日期，未来它可能会成为一个节点性事件的日期。这个规划把人工智能正式上升为国家战略，这是一件很重要的事情。

报告里面的内容包括：到 2020 年，人工智能产业竞争力进入国际第一方阵，人工智能核心产业规模超过 1500 亿元，带动相关产业规模超过 1 万亿元；到 2025 年，人工智能基础理论实现重大突破，部分技术与应用达到世界领先水平，人工智能核心产业规模超过 4000 亿元，带动相关产业规模超过 5 万亿元；到 2030 年，人工智能理论、技术与应用总体达到世界领先水平，成为世界主要人工智能创新中心。人工智能已被正式列为我国的国家战略，由此可见，国家非常重视这件事情。

无论是创业还是投资，《新一代人工智能发展规划》都是指导我们前进的一个方向，所以你要先了解国家政策。这些国家政策是有非常明确的时间标的和时间节点的，而这些节点能帮助我们判断国家会在这些阶段怎样投入。

人工智能和行业的结合

首先，大量的工作会被机器取代。随着人工智能的出现，我们会发现大量原来必须靠人来解决或者靠人来实现的工作都会被机器取代。首先被取代的一定是重复性劳动，或者标准化劳作的工作。例如，工业领域流水线上的某些操作工种现在已经被机器取代，因为机器操作比人更精细化，机器工作的合格率能接近100%，而且它不用休息，速度还比人快。今后大量的标准性、重复性的工作，都将被机器取代，一些会给人的生命造成危险的工种也将被机器取代。

大数据是人工智能的基础，只有大数据才能帮助人工智能分析出数据背后的逻辑。因为计算机的强项就是做大量的计算，只有大数据才能发挥出计算机强大的计算能力，而最后得出的分析结论则是人工智能和大数据相结合的结果。

目前，语音识别技术基本成熟，机器学习、机器视觉、虚拟助手、深度学习等人工智能分支技术会在未来2～5年内逐渐成熟，自然语言处理、图形分析、智能机器人技术可能仍然需要5～10年的时间才能真正成熟，而通用人工智能在未来10年还不太可能会出现。即使如此，AI产品仍然会普遍成为人类的辅助者，未来AI将赋能各种应用场景。例如，自动驾驶将会是下一个重量级市场。

语音场景：智能音箱流量入口属性使科技巨头群雄逐鹿，生态整合状况决定着其发展前景。

安防场景：视频结构化、人脸比对将助力警务管理。随着超多层次神经网络模型的建立，神经网络算法几乎达到了数据饱和状态，但语音和图像的识别率瓶颈难以突破，误报率、动态人脸监控仍将是短板。

金融场景：应用于智慧银行、智能投顾、智能投研、智能信贷、智能保险和智能监管，分别作用于身份认证、银行运营、征信风控、保险和投顾理财场景，当前处于探索期，具有较强的不确定性，新的监管手段需要与时俱进。

医疗场景：应用于医学影像、辅助诊疗、精准外科手术、医药研发领域、健康管理、流行病预测和语音电子病例，主要瓶颈为有效数据不足。

教育场景：应用于自适应学习、分级阅读、自动答疑、智能批改、虚拟教学场景、课堂高效管理及教育区块链，这些场景还远没有达到足够成熟的地步，依然有待市场验证，但是其代表了未来教育行业发展的方向，在市场爆发前可以期待投资布局指数型增长。

在 AI+ 改造传统行业应用场景的过程中，其实就藏着我们创业的机会。创业者要去想现在所处的行业，或者未来这些行业有哪些方面会和人工智能结合，或者会被人工智能取代，而这当中就包含了创业的机会。这里面有几个点大家需要关注一下。例如大数据，这些大数据是不是足够支撑在行业内的颠覆？再就是人工智能技术能不能影响行业的变化？如果能，那么行业要么被取代，要么被结合，而这种结合过程就包含了创业机会。

人工智能创业的关键点

第一个关键点是关键技术和关键人才。

关键技术和关键人才是影响科技创新的一个核心点。创业者在人工智能或者在科技创新领域创业的时候，最关键的还是关键技术和关键人才。如果没有关键技术，也没有关键人才，这件事情就做不了。

任何技术都是有传承的，创业者可以找到技术的发展脉络以及关键领域的技术专家。科技创业不存在"民科"和拍脑袋的发明，这一点大家一定要有清楚的认知。

第二个关键点是技术到产品的时间。

科技创新往往是一个比较漫长的过程。例如，新药研发可能需要十年甚至更长的时间，而且在研发出来之前，一切都可能为零，这是非常可怕的一件事情。所以，创业者在人工智能领域创业的时候，一定要看技术到产品的时间，判断技术到产品大概需要多长时间，这个时间是不是你能等得了的。

假设这个时间是三年、五年或十年，你是否愿意尝试和投入？技术创新之路是非常漫长的。如果做不到这一点，那你就要考虑是不是要在这个行业的细分领域创业，特别是一些基础科技的研发。

第三个关键点是技术团队的商业头脑。

技术团队创业和模式创新团队的创业是不同的。模式创新团队的商业模式比较清晰，融资的时候一定会把故事讲得比较完整，人员配备相对来说比较齐全。技术团队创业就要差一些，他们可能缺乏商业头脑。我们经常碰到的创业的技术人员是高校或科研院所的技术专家，他们手里会有很多技术，而且认为自己的技术都特别好，但是这些技术没有产品化，还处在实验室技术阶段。这时候创业者就要帮他们做判断，这些技术里面应该去做哪项，为什么要做这一项。这就需要具备商业头脑，而且技术人员可能只有技术团队，有几个学生或者几个校友可以做技术，但没有商业团队。没有商业合伙人，也就没有人给他们提市场的概念和建议，其结果就是很难对接市场和商业化。因此，我们在做技术创新领域的创业和投资时，一定要解决技术团队的商业化问题，如配备市场合伙人等。

第四个关键点是产业化的前景。

创业者创业的时候，选择一个产品或选择一项技术，一定要知道它的产业化前景在哪里，有哪些上市公司或哪些产业对你的产品或技术有需求，只有知道这些才可以去做，否则做出来之后没有人需要，这就属于选择失误。这些往往是技术人员不重视的地方，他们只知道自己的技术很好，但是不了解技术的产业化。此时，就需要投资人去帮他们判断，或者帮他们构建一个有前景的产业化的框架，然后告诉他们应该怎么做，最后还要有个产业化的退出通道。

这也是一些产业化后端的公司，现在也回过头来做科技成果转化的原因。很多在后端的上市公司或大的产业集团需要科技公司的竞争力和可持续发展，但是市场上又没有现成的，所以它们希望购买成型的产品，然后产业化。但是，如果所有的公司都在等，那么前期的工作谁做呢？所以早期科技成果转化的投资和孵化是很重要的。

德国之所以能实现今天的"工业 4.0"，就是因为德国有类似史太白这样的专注科技成果转化的公司。史太白把整个科技成果转化这条路走得非常顺，它在德国的高校和大公司里面都设立了科技成果转化中心，而且都是完全市场化的，因此可以通过产业链后端的巨头的需求来指导前端应该怎么去做。我国目前在这方面做得还不够，这就需要更多人投入科技成果转化的服务工作中来。

总之，人工智能是未来的一个趋势。科技创新取代模式创新是大的市场潮流，创业者应该发现机会，抓住机会，掌握创业的关键点。

社群经济的创业分析

社群经济已经深入我们生活的方方面面，若没有社群思维，可能就很难去创业，而且不管做什么事情，都需要社群思维。社群经济和区块链有着非常紧密的联系。凯文·凯利的《失控：机器、社会与经济的新生物学》一书指出，未来是一个去中心化的时代，边界会越来越模糊，社群经济会起到非常大的作用。

🔑 《乌合之众：大众心理研究》

讲到社群经济就不得不讲一本书：《乌合之众：大众心理研究》，这本书是法国作者古斯塔夫·勒庞在 1895 出版的。虽然这是一百多年前写的书，但是我看了很多遍，作者提出来的很多观点在今天依然有用。当时没有社群这个概念，作者认为群体不一定是聚在一起的人，也就是说这些群体在心理学上的含义和现实中的群体是完全不同的。群体首要的特征是成员自身个性的消失，然后形成一个集体的心理。这个与我们现在的社群很像。

在形成社群的过程中，成员自身的个性会消失，因为社群之所以成为社群就是由于成员的属性是相通的。你进入一个社群，如果和这个社群属性不相符，只会有两种情况：一种情况是被人请出，另一种情况是你自己主动退出，因为你觉得自己和他们不是一路人。

创业者在进行产品销售和服务时，可以利用"粉丝"对产品的信任，打造一个社群，有些社群甚至是去中心化的，不需要去运营。当社群形成之后，它的文化属性就会形成，文化属性是很难被模糊掉的，也很难被人控制。当然，还有一部分社群是中心化的，社群的领袖一旦出现，他就会控制整个社群。在移动互联网时代，一群有共同兴趣、认知价值的用户会发生群蜂效应，在一起互动、交流，会对产品品牌本身产生反补的价值关系。

每个社群都有一个学习和交流的主题，这是它的特点。在群体里，个体智商会变低，群体智商要远低于集体的平均智商。在一些直销组织、微商的社群里，成员很狂热，天天喊口号，大家互相信任，什么事大家都特别认可。群体在一起能让这个群体的情感走向极端，而不是冷静，这是社群的一个特征。如果没有这些特征，那它就是一个温和的学习型社群。但当社群出现一个控制紧密、有共同动向的社群 KOL 时，中心化的社群就形成了。

社群领袖是怎样引领社群前进的，或者他是怎么管理社群的？断言法是一般情况下引领社群或者控制社群的办法。社群领袖断言一件事情，如他说这个是对的，这么做是对的，那么做是错的。重复法是反反复复说一件事，每天重复很多遍，这样就会影响整个社群的思维。传染法是互相感染，如社群领袖讲完一个故事，然后有人站起来说："你说的特别对，我就是这样的受益者，你看我以前怎么样，现在怎么样……"然后他再用这种传染法让别人信以为真。社群就是这么运作的，这是它的本质。

社群在创业中的重要性

在移动互联网时代，很多产品和服务都是通过社群效益来实现规模化的。我经常问创业者在做这个项目的时候有没有建立自己的社群，有没有自己的"粉丝"，有没有形成 KOL，有没有自己的种子用户——最初的社群核心成员。

在创业项目中，我也发现社群对客户服务是非常有帮助的，它能快速地处理一些问题。例如，建立一个对客户直接服务的社群，把和客户相关的一些服务机构的人全部拉进来，然后大家一起给客户服务，客户就会觉得很满意。因为把相关的人全都拉进来，这样就可以互动起来，对产品改进也会有很大的作用。移动互联网在碎片化划分市场的同时，往往会先构建一个消费应用场景。碎片化的商业逻辑是将垂直人群划分到垂直应用场景里，社群就能够做到这一点。例如，每天喝 6 杯水，这是一个场景。什么样的人应该喝 6 杯水呢？假设从事 IT 的技术人员每天应该喝 6 杯水。如果你能为这个场景建立一个社群，每天提醒大家喝水，这就建立了垂直人群和垂直场景，然后，你要给他们什么服务和产品就很好设计了。所以，在移动互联网迅猛发展的今天，为垂直用户场景和垂直人群建立一个垂直的社群，这是很重要的。

在移动互联网时代，利用社群组织活动的效率是非常高的。未来会有非常多的社群存在，我们都将生活在不同社群里。

CHAPTER 10

第十章

创业维艰

对于创业者来说，创业的早期是非常艰难的。很多创业成功的人士在讲述他的经历时都会说："我们早期创业时非常艰难，吃了很多苦，才走到今天。"他们可能不会做一些细节的描述，但是在创业的早期阶段，面临非常多的困难是必然的事实。

创业的艰难时刻

创业早期最艰难的时刻是什么时候呢？本章的章名"创业维艰"出自一本书，这本书就叫《创业维艰》，作者是本·霍洛维茨。这本书详细描述了一个创业公司在创业过程中面临的艰难和险阻。

创业如何从零开始呢？很多人想象中的创业是：有一个好的想法，然后凑几个人，还有人给一笔钱，就可以开始了。这是最理想的做法，但是我告诉大家，其实 90% 以上的创业不是这样开始的。一开始创业者没有团队，也没有钱，只有一个想法。没有想法就没办法创业，但只有一个想法，没有团队，就没有人相信你，而且你也没有钱来做这件事情。创业者需要说服合作伙伴，让他们愿意跟你去做，成为你的团队成员；需要去见投资人，让他们相信你。

如果这些都做不到，你怎么从零开始呢？我说过行动比模型更重要。如果你坚定自己的想法，却找不到合伙人，那就用自己的钱去做。如果你确实有一个好的想法，就会有人相信你，愿意与你一块往下做，就可能有人投资；没有人投资也接着往下做，这是成功的基础。

创业难的就是从零开始，这个阶段要靠创始人的毅力和信心，以及对成功的渴望才能坚持下去。如果创始人觉得只有别人给了钱，有了成型的团队和漂亮的办公室，才可以开始创业，那么可以说这是极不现实的。

如何实现精益创业（MVP）？我们可以用最小单元去做一个验证，如果验证之后可以进行复制，那就能去实现更多的复制。创业者首先要明确自己的客户是谁。很多创业者在创业过程中并不知道自己的客户是谁，而是打着精益创业的幌子做测试，结果发现测试有失败，也有成功，然后再不断地反悔，这是有很大的问题的。精益创业首先要明确客户是谁，然后要明确客户的需求是什么。当创业者知道了客户及客户需求后，就可以用解决方案去测试，让客户使用产品并做出反馈，然后进一步迭代，最终服务好这些种子用户。这就是精益创业。

创业者一定要明白精益创业的核心，而不是广泛地去撒网。创业者要明白哪怕只有两个种子用户，也要把他们服务好。移动互联网早期项目的投资，说白了就是让创业者在市场上去试错和迭代的。试错和迭代测试出来一个明确的核心点后，得到的第二笔投资就是扩张用的。如果测试不出来，要么拿钱继续测试，要么放弃。很多创业者拿到钱以后，不去做试错和迭代，觉得这个钱要省着花。还有一种做法就是乱花钱，不做整个商业模式的试错和迭代，而做广告、做宣传，招一些没有用的人，或者花很高代价挖来一些不相符的人，这都是有问题的。试错和迭代能让创业者找到自己的MVP，找到自己的突破点和增长点。

在风口的创业者要比不在风口的创业者发展得快一点儿，因为前者可以借风的势能。如何判断自己是否在风口？一定要看好大趋势，大的趋势判断对了，才能够判断自己是不是在风口。不能当风口来临时再去准备，一定要在风口还没有来，趋势将起未起的时候做好准备，这样才有机会站在风口。站在风口的时候，要学会自己飞，这很关键。

我经常说创业和投资是一样的，胆量和智慧只能二选一。你选什么呢？从投资的角度来说，当你碰到了站在风口的"偏执狂"的时候，你该怎么办呢？对投资人来说，此时可以先投一轮。投资本来就是个概率事件，先投一轮，万一他是天才呢？创业也是一样的，有时候要敢去冒险。在创业最艰难的时候，你要考虑做好产品，维持好团队，做好销售，做好每天的管理。

创业中的黑洞

如何解聘高管

好不容易招聘了一个高管，创业者的工资是 5000 元 / 月，给他 20000 元 / 月，但做了两个月发现这人不合适。创业者不好意思直接跟他说解聘，也没有合适的 HR 去谈，怎么办呢？他是不是会要赔偿呢？不管怎么样，遇到这种情况创业者必须直接面对，不要拖，越往后拖要承受的损失越大。既然犯了错误，就勇敢地承认错误，要大方地告诉他请他离开的原因。例如，公司没有钱了，聘不起他了，或者他现在不适合公司。

应该从好朋友的公司挖人吗

你好朋友的公司里有一个人对你说："我不想在他那里干了，他那里什么都不好，我到你这来行吗？"或者你看好了你朋友公司的一个人才，你觉得挺适合你这里，该挖他过来吗？当然不应该。不要在你好朋友的公司发展人才，不管是他主动来的，还是你挖来的。你能挖别人的人，别人就能挖你的人，创业者一定要有底线。

该不该招聘资深人士

他是行业专家，能力可能比你强很多，资历也比你老，你该不该招聘他？这主要看他能不能帮你解决问题，你招人来是要帮你解决问题的。当然，如果你认为招来的人你管理不了，那你就不要招。对于早期公司来说，维护"一把手"的权威是非常重要的，你要能控制公司。如果有一天你控制不了这个公司，你就需要去学习，通过学习打破自己的天花板，让自己不断地进步；或者退居二线，让能控制公司的人来控制公司。这些都是创业中会经常遇到的问题。创业不是你站在聚光灯下讲你美好的故事，创业过程中充满的是聚光灯照不到的背后辛酸。

你该卖掉自己的公司吗

当你实在没有往下做的动力的时候，可以考虑卖掉自己的公司。不要觉得这样很丢人，或者对不起投资人，该卖的时候就要卖掉它！

创业过程中会有很多问题，我只是列出了其中的一部分。这些问题的答案就算我不讲，创业者心里也有数，但是真正做起来比较难。

学会选择

在创业早期，创始人最大的权力和义务就是做决定。当公司决定往什么方向发展，或者当公司要做决策时，创始人要站出来果断做决定，这是必须做的事情。如果创始人犹豫了，整个团队就会犹豫，整个团队的士气也会低落。

创始人在这种关键时候一定要学会拍板。当然，拍对也很重要。你要是一直拍错，公司就走向失败的深渊了。所以，对于一个创始人来说，运气、能力和导向都很重要。今天很艰难，明天更艰难，后天会很好，但大部分人会在明天晚上倒下。

创业者成功的最重要的因素就是兼顾理想和现实。知道未来一定会成功，但是一定要面对现有的艰难和挑战，要战胜它们。理想是一定会实现的，同时现实是非常艰难的，不要盲目地攀比，与自己比就好了。

领导力的修炼也是无止境的。因为在从 0 到 1 的阶段，领导力的表现形式就是创业者去拍板，要站在第一线，要学会带团队、学会管理。希望每个创业者都能够直面困难，顺利渡过每个阶段。理想和现实都要兼顾，知道了灯塔的方向，不畏艰难，就一定会到达目的地。

附录一

创业加餐

读书是我们打破自己的天花板、提升格局的途径之一。我对自己的要求是每个月读一本书，写一篇读书笔记，发表在我的个人公众号"创业与投资"上。下面是我节选的几篇读书笔记，希望每个创业者能够认真阅读这些书。

《番茄工作法图解：简单易行的时间管理方法》读书笔记

"番茄工作法"是弗朗西斯克·西里洛在 1992 年创立的，1998 年开始传授给个人，1999 年开始传授给团体。什么是番茄工作法呢？简单地说就是列出你当天的任务，定好 25 分钟为一个番茄时间，从第一项任务开始，专注于手头的任务。此外，还要预估每日回顾、每日承诺、中断等要花的时间。番茄工作法能够帮你与时间交朋友，让你不再因为截止日期临近而焦虑。

《番茄工作法图解：简单易行的时间管理方法》主要讲的是注意力管理，也就是说我们应该在一个特定的时间段内只做一件事情，一次只做一件事情，不要心有杂念。同时处理多件事情、多线条任务是不可行的。有句话说得好："你只有一双脚，不能同时跳两场舞。"

在每个 25 分钟的番茄闹钟结束后，不管这件事情做没做完，我们都要休息 3～5 分钟，再判断下一个番茄时间应该做哪件事情，然后再定一个时钟。也就是说，为了保持注意力集中，我们可以按工作、休息这样的节奏去做事。

番茄工作者的一天有以下 5 个阶段。

第一个阶段，计划。每天在开始工作时，从积压的工作中提取最重要的工作填写到今日待办表格中，这就是当天的自我承诺。

第二个阶段，跟踪。确定当天的工作后，启动 25 分钟的番茄钟。从当天工作的第一项开始，番茄工作者在每个 25 分钟内，都要收集一些过程指标，如计算遇到的中断次数等。

第三个阶段，记录。在一天结束时，将当天收集的数据归档写入记录表格。如果番茄工作者跟踪了中断次数，就把中断次数写下来。

第四个阶段，处理。从所记录的原始数据中提取有用信息。例如，可以计算在每个 25 分钟内平均遇到几次中断。

第五个阶段，可视化。最终番茄工作者要将信息以某种方式组织起来，从中找出改进流程的思路。

如果番茄工作者想养成最适合现实情况的工作习惯，在自我调整的过程中，基本上每天都要做这样的回顾。在每天开始工作时进行计划，在每天结束工作后进行记录处理和可视化，并在结束后开始前对 25 分钟周期进行循环跟踪。

番茄工作法只需要一支铅笔、一个定时器、3 张白纸或横格纸。

3 张纸的用途：一张作为今日待办表格，填写日期、名字，列出打算在今天完成的工作；一张作为工作清单表格，填写名字，列出最近要完成的工作，随想随填，不用排序，一张清单表格可以用很多天；最后一张作为记录表格，用于记录所采样的流程指标，以便对流程进行改进，一张记录表格可以用很多天。

今日待办表格是时间段限定内的承诺。如果番茄工作者当天不打算做某件事，就别把它填进去，这张表格中只写当天可以达到的目标。

定时器走 25 分钟后响铃，表示番茄工作者已经完成了一个番茄钟，这时应该立即在今日待办表格的相应工作边上画一个叉，然后休息一下。休息时间可长可短，一般为 3～5 分钟。

在休息期间，考虑上一个番茄钟或下一个番茄钟的工作是不被允许的，要让大脑充分缓解过去 25 分钟的脑力激荡。除了每隔 25 分钟的常规休息外，番茄工作法要求在每 4 个番茄时间后停止工作，进行 15～30 分钟的休息。

不要在一个番茄钟进行时切换到另一项工作。如果番茄钟进行了一半，番茄工作者当前的工作已经完成，就用剩下的时间进行过度学习。过度学习指达到熟练程度以后继续学习或者练习的行为。

结束了一天的工作，番茄工作者要马上进入记录阶段。首先将番茄工作者的原始跟踪数据复制到记录表格中。跟踪的内容取决于番茄工作者希望看到什么，刚开始使用番茄工作法时，只跟踪每天完成的番茄钟数就可以。所以表格第一列是日期，第二列是番茄钟数，每行代表 1 天，一张记录表格要用很多天。记录之后是处理阶段，就是要让那些抽象的数据变得言之有物。例如，番茄工作者可以计算平均每项活动花费的番茄钟数，如果数字很大，你要试着拆分活动，使之变得较小、较易于管理。

一个番茄钟只有 25 分钟，在这么短的时间里仍然可能出现干扰，将番茄工作者所关注的工作打断。番茄钟期间的中断有两种：一种是自己造成的内部中断，具体来说就是直觉向心智发出信号，告诉自己去做当前专注的工作以外的事情；另一种是别人造成的外部中断，有人向番茄工作者询问或者请帮忙等。

当出现内部中断时，番茄工作者要采取的策略是：首先要接受它，然后记住它，并立即继续手头的工作，避免真的被打断。切勿在番茄钟期间切换到其他工作，一旦番茄钟启动，就必须走到响铃。当然，某些内部中断是没法阻止的，如要去洗手间。这种情况下，回来以后是否要继续完成番茄钟剩下的部分？答案是不行。番茄钟具有原子性，不可分割，如果番茄工作者的任务中断了，应该重新启动一个 25 分钟番茄钟。

除了内部中断，番茄工作者还会遇到具有互动性的外部中断，因为可能有人正在等待番茄工作者的答复。番茄工作者需要一个策略来减少中断，可以回答："对不起，我正在番茄钟里，待会儿再说。"如果番茄工作者遇到的外部中断是刻不容缓的，那么就应该作废当前的番茄钟，等帮完别人之后，休息一会儿，再重新启动一个番茄钟。从我的角度来说，真正需要立即处理的紧急事件是非常少的，推迟 25 分钟或一个小时其实是完全可以的，这对想向你寻求帮助的人来说也是可以理解的。记住，在任何情况下都要尽可能地保护你的番茄！

此外，预估和测量在番茄工作法中必不可少。如果没有它们，每天要做出合理的计划是很困难的。番茄工作法要求花时间做回顾，这样才能不断改进。

跟踪和记录是番茄工作法中的测量方法。在做预估时要问自己，按照每天的计划能完成工作吗？是否要经常修改自己的预期？要将承诺过的事情全部完成需要多久？所预估的工作时间最长是多久？以天、小时还是分钟计，所预估的工作时间最短又是多久？

值得注意的是，在使用番茄工作法的过程中，要学会随机应变。番茄工作法虽然是守则，提供了简单而具体的实践，容易上手，但这不意味着它适合所有的人和环境，番茄工作法也内置了应变能力。

番茄工作法不仅可以作为一种针对个人的时间管理办法，也适用于协作环境，如团队的会议和工作。那么，如何用番茄工作法开会呢？用白板列出会议包括的全部活动或全部预期成果，然后给它们按优先级排序，标出1、2、3。接下来启动25分钟番茄钟，齐心协力地投入第一项活动，番茄钟一响，就立即停止。在番茄钟之间，可以有短暂的休息。休息之后，可以决定接下来进行哪项活动，然后再次启动番茄钟。

番茄工作法是一套简单的工具和流程，可用于提升个人和所在团队的生产力，能减轻焦虑，提升注意力，减少中断，增强决策意识，唤醒激励和持久激励，巩固达成目标的决心，完善预估流程，精确地保证质量，改进工作、学习流程，强化决断力，快刀斩乱麻。

这本书的精华可以浓缩为一句，那就是25分钟内只做一件事情。番茄工作法可以让你充分利用身边的简单工具，真正成为时间的主人。在移动互联网时代，每个人在工作时，都会不知不觉地走神去想别的事情。尤其是面对电脑时，在网络世界的某个节点上，我们很容易被外界的海量信息——不管是精彩的还是垃圾的信息所吸引，于是花了很多时间去看信息，结果什么事也没办成，工作也耽误了。

如何提高效率，集中精力去做好一件事情，成为我们当下面临的最重要的问题之一。《番茄工作法图解：简单易行的时间管理方法》就是这样一本关于效率的好书，尤其适合事情太多、时间太少的人，它易读、轻松，并能改变生活。

《六顶思考帽：如何简单而高效地思考》读书笔记

30 年前，全球顶尖创新思维训练法的开创者爱德华·德博诺提出"六顶思考帽"思维方式，即用六顶不同颜色的帽子代表六种创新思维方式：蓝色代表思维中的控制与组织；白色代表客观全面地收集信息；红色代表直觉感性地看问题；黄色代表寻找事物的优点及光明面；黑色代表从事物的缺点、隐患看待问题；绿色代表用创新思维考虑问题。简单地说，六顶思考帽强调的核心概念是只允许思考者在同一时间思考事情的一方面，思考者需要学会将逻辑与情感、创造与信息等区分开来。六顶思考帽中的每顶帽子都代表着一种特定类型的思考方式。

对同一件事用不同思考方式分析所得到的结论可以是完全不同的。有一则故事为证：从前有个人把自己的车涂成一半白色一半黑色，朋

友问他为何如此怪异？他答道，这样我一旦出车祸，就可以在法庭上听到那些目击证人自相矛盾的作证了。这个故事中主人公的做法虽然不可取，但是巧妙地说明：即使目击者都基于事实进行陈述，因为观察汽车的角度不同，得到的最终结论也是不同的。

为什么每个人要学会对一件事进行平行思考呢？

假设有一栋美丽的房子，房子的四面各站一个人，那么这 4 个人描述的房子的样子就只是自己看到的那一个侧面。如果使用平行思考的方法，就是让他们绕着房子走一走、看一看，从而观察到房子的全貌。使用六顶思考帽的思考过程，就是围绕房子走一走、转一转的过程。

六顶思考帽的思维方式有四大优势：第一，强大有力；第二，节省时间；第三，摒弃自大；第四，独立思考。所以，用六顶思考帽这种思维方式开会，我们就不会在会议上浪费时间去证明"我是对的"，而是号召大家站在不同的角度去陈述议题的每个侧面，从而使会议变得富有建设性而且成效显著，开会时间也会大大缩短。

具体而言，使用思考帽的基本方法有两种：一是需要进行某种类型的思考时单独使用；二是在探索主题或解决问题时，依次使用不同类型的思考帽。

第一种使用方法比较简单，这里可以不做着重介绍；第二种使用方法需要在会议开始前就立下规矩、强调纪律，这样才能保证六顶思考帽的执行效果。会议主持者必须要求团队成员佩戴某种指定的思考帽，团队的任何成员都不能拒绝或者选择其他的思考帽。否则，无异于退回到了通常的辩论模式。另外，需要注意的是，开会时要考虑为每顶思考帽设置时间，并且要尽量设置得短一点儿，这样有助于与会者在思考的议题上集中精力，从而减少无谓的闲聊。

以下是各种思考帽的使用方法。

⟳ 蓝色思考帽

蓝色思考帽简称蓝帽，应该始终用于会议的开始和结束，就像两个书档一样。

第一顶蓝帽应该表明：为什么要开会，当前思考的议题，当前形势的定义，希望获取的成果或取得的目标，思考的背景以及使用思考帽的顺序。

最后一顶蓝帽则应该指出：已经取得了什么成果，结果、结论、设计、解决方案以及后续的行动是什么。

安排帽子具体的顺序应该取决于思考的性质。在第一顶蓝帽之后，如果确信当前的形势，那么可以立即使用红帽。因为人们已经对即将探讨的主题有了强烈的情感。

有时在使用蓝帽结束之后，不妨重新戴上红帽，最后这顶红帽可以让大家对思考的表现提出反馈意见。例如，大家对我的思考感觉如何？对结果是否满意？我们是不是做得不错？大致来说，只要思考策略合理有效，采取任何顺序都合乎情理。

所以头戴蓝帽的人，通常是会议的协调人、主持人或领导人，这是一个常任的角色。此外，在具体的蓝帽会议期间，任何人都有权力提出有关程序的建议。

作为头戴蓝帽的思考者，其考虑的对象不再是主题，而应该转换成探索该主题的思考本身。蓝色象征着总体控制，因为蓝色的天空可以包容一切。蓝色还会让我们想到超脱、冷静和把控。因此，蓝帽是掌控，需要考察思考的指导方针、思考的组织，掌控其他思考帽。蓝帽思考者需要专注，提出正确的问题，然后定义问题，最后列出思考的任务。

蓝帽思考者就好像计算机的软件，他需要为某一个具体的主题思考设计，从功能上看其更像是摄影师，可以观察和记录正在发生和已经发生的思考过程。蓝帽思考者同时是主持人的角色，在整个思考过程中需要进行控制和监控，其任务是做出最后的总结，并撰写报告。所以，蓝帽思考者还要学会归纳与总结，在思考结束后还需要做评价、小结、结论和报告。

⤵ 白色思考帽

白色思考帽在开会时主要负责提供信息，并且保证这些信息有确切的事实和数据支撑，目的是集中精力寻找并列举出信息。白帽思考者在思考过程中需要扮演一台电脑的角色，以中立客观的方式给出事实即可，不要诠释，只讲事实。

白色思考帽其实是一种纪律，鼓励思考者在自己的头脑中对事实和自己的推断或解读明确地加以区分。很多时候我们认为是事实的东西，其实不过是人们认定的评价，或者根本就是当时当地的个人观点，因为我们不可能以科学实验一般的严谨态度去核实每件事情。因此，我们需要建立一种两层结构的体系，即认为的事实与核实的事实。白色思考帽的关键规则是不能平白无故地将一件事情提高一个层次，只要陈述能被恰当地视为一种看法即可。

白色本身就象征着中立，思考者应力图中立客观地呈现事物的信息。

⤵ 红色思考帽

红色思考帽意味着个人的思考行为。每个参会的人都有机会戴上红色思考帽，表达对当前讨论问题的情感。个人在被要求表达红帽情感时，规则是不能以无可奉告来搪塞。如果情感被定义为复杂的，那么协调人可以请他具体列出有哪些复杂情感。

红色思考帽的目的是表达现有的情感，而不是强迫任何人做出判断。因此，红色思考帽鼓励我们寻找情感的真相，从而寻找其中掺杂的情绪到底是什么。

红色思考帽告诉我们应该怎么去使用直觉，以及直觉具备多大的价值，直觉的有效性有多大。戴上红色思考帽时最难的事情是克制已经表达出来的情绪辩解欲望——这类辩解可能有对有错。但无论如何，既然已经是红帽思考者，辩解这件事就变得毫无必要了。

情绪不一定有逻辑，也不一定前后一致，情绪可以用适当的语言加以微调。但是戴上红色思考帽的时候，就不要为自己的情绪去辩解。戴上红帽时，思考者可以直言不讳地说自己对某事的感觉。红帽让情绪和情感变得合理，成为思考的重要组成部分；红帽让思考者的情绪大白于天下，从而成为思考地图的一部分；红帽让思考者有了一种办法，使其可以在情感模式和非情感模式之间自由切换。红帽思考者可以通过询问他人的红帽意见来知晓他人的感觉，当思考者使用红帽时，其他人绝不应该试图为自己的情感辩解。

作为红帽思考者，其表达的感情包括两大类型：一类是普通情感，如恐惧和厌恶，当然也有更微妙的情感，如怀疑；另一类是复杂的情感，如预感、直觉、感觉、品位、审美情趣以及其他不那么容易解释的情感。如果某个意见中包含大量的这类情感，它也适用于红帽思考。

黄色思考帽

黄色思考帽简称黄帽，头戴黄帽的思考者就是要寻找在某个提议中有优点的人。头戴黄帽的人，应该多想想阳光和乐观精神，并且应该积极地去探索、积极地思考、积极地关注利益点和优点，应该将建设性的思考和想法付诸实践。

黄帽被定义为积极探索之帽。优点一般不会始终浮现在表面，需要努力寻找方可获得。因此，戴上黄帽的思考者应该积极地思考。黄帽思考者不仅要对已出现的问题进行积极的评估，还要特意寻找积极的闪光点。

黄帽思考者和红帽思考者的区别在于：当黄帽思考者做出了乐观积极的评价之后，必须说出其乐观思路背后的原因。因此黄帽思考者应该竭尽全力为自己提出的乐观思路提供尽可能多的理论依据，而且应该是负责而全面的。

黄帽思考者强调探索和积极的假设：首先要努力发现一切可能的优

点，之后去尽力证明它们是否可能和合理。黄帽思考可能是前瞻性的，它力求寻找机会，允许愿景和梦想存在。

⊃ 黑色思考帽

在六顶思考帽中，黑色思考帽（简称黑帽）一般是使用最多的，或许也是最重要的一顶思考帽——黑帽是谨慎之帽。它的作用是阻止人们去做那些非法、危险以及无利可图的事情，因此也可以说黑帽是生存之帽。

黑色思考帽的佩戴者要谨慎，在陈述过程中要指出困难和问题，并且要始终处于法律许可的范围内，要信守正确的价值观和道德伦理。

佩戴黑帽的人应该勇于指出讨论议题的错误。在不适当或不奏效之处，黑帽的思维方式保护我们不至于浪费金钱和精力，不做愚蠢的事情，不触碰法律的底线。

因此，黑色思考帽应该是始终符合逻辑的，必须有合理的逻辑理由才能进行批评。如果批评是纯粹的情绪化，那么批评者头上戴的就是红帽，而不是黑帽。

就评估下一步行动方案而言，黑帽有助于决定是继续执行还是放弃。不过，最终的决定是由白帽（事实）、黄帽（优点）、黑帽（谨慎）和红帽（直觉和情感）这几种思考模式结合之后做出的。

戴上黑色思考帽的时候，一定要学会克制，也不要过度地使用黑帽。过度使用黑帽会使思考和讨论变得有百害而无一利。有时人们进行批判，就是为了表现自我，有的根本提不出任何有效的意见，除了批评以外什么都不会。这样的人需及时停止使用黑帽，而使思考过程变得更有效率。

黑帽的使用场景很多，在评估最终结果时，黑帽往往可以用作评估的重要一部分。例如，是否可以执行这一提议。同时，黑帽也可以用于设计过程，即思考后续执行需要克服的困难有哪些？黑帽思考者通常需要列出未来的风险和潜在的问题，并且预测如果实施了这一建议，什么地方可能会出错。黑帽思考者需要指出思考过程中的程序错误。但需要注意的是，黑帽思考并不是辩论，在讨论问题时，绝不可退回辩论模式。黑帽思考的目的是在思考地图上标出需要谨慎对待的点。

绿色思考帽

绿色思考帽象征着创新和创造性的思考方式。绿色思考帽需要摆脱旧的观念，发现新的点子。我们在进行讨论的时候，对绿色思考帽的需求会大于其他思考帽。尤其在进行创造性思考时，需要提出一些明显不合逻辑的、具有煽动性的点子，这时候绿色思考帽能给我们帮助。我们需要向周围的人表明：我是为了刺激大家才提出新的概念。绿色思考帽就为此提供了一种形成机制，即虽然你不能命令自己或者他人想出新的点子，但是你可以命令自己或他人花点儿时间努力去想。

绿色思考帽是为创造性的思考而设计的，头戴绿色思考帽的人，将使用创造性的思考用语。因为绿色象征着丰饶、生长和种子，因此寻找备选方案是绿色思考帽的基本工作。我们必须超越已知，利用创造性思维来考察在每个节点上，是否还有其他的备选方案。

使用六顶思考帽的方法做出决策的过程，看似和正常决策过程有些相似，这并不意外。因为我们正常做出决策时，都需要经历同样的过程，包括利益、弊端、情感和事实等方面的衡量。六顶思考帽的思考方法将这一过程明确化、步骤化了。因为思考最大的敌人是复杂性——复杂性会导致混乱。所以，当思考过程清晰简单时，思考的过程就会变得愉快而更有效。

六顶思考帽的思考方法有两个主要的目的：第一个目的是通过让思考者每次只处理一件事来简化思考，第二个目的是允许在思考过程中进行转化从而做到尽量看到事物的全貌。

《六顶思考帽：如何简单而高效地思考》这本书为我们提供了一种方便、易用和高效的思考工具。书中提到的平行思考的方式，让我们的大脑能够有条理地指导思维，打破框架，多角度、多方向地看待问题，从而实现自己的意愿。

希望大家能使用这种思考方法，并把它应用到工作、学习和生活中。

《传染：塑造消费、心智、决策的隐秘力量》读书笔记

《传染：塑造消费、心智、决策的隐秘力量》这本书的引言非常吸引人，作者认为我们的决定都出自本心。是不是上课次数越多的学生，看上去更有魅力呢？几个词语如何能够改变我们对某人的看法？什么样的影响是无形的？为什么明知他人是错误的，我们还会盲目地跟随呢？

什么情况下雪碧会被称为可乐？为什么夫妻会越长越像？冰激凌与猴子的大脑活动有何关系？如何成为更好的谈判者？重复顾客点菜的话语，为何能够让侍者得到更多的小费？

这是一本神奇的书，这本书的作者乔纳·伯杰之前还出版了一本书叫《疯传：让你的产品、思想、行为像病毒一样入侵》。《疯传：让你的产品、思想、行为像病毒一样入侵》是我在营销领域里读过最好的书之一，而《传染：塑造消费、心智、决策的隐秘力量》这本书讲的是社会影响力。我们在看社会影响力的时候会发现，人们的行为背后有很多原因，包括政治原因、社会原因、经济原因、心理原因，等等。社会影响力是如何发挥作用的呢？如何让产品思想行为流行开来？为什么某些事物会迅速地流行开来，而其他事物却并不能如此？为什么某些产品思想行为会得到更好的口碑？

我们的思维其实受到了群体思维的影响。有时候我们做出的决策并不一定是正确的决策，而是受到周围其他人的影响而做出的。

成人的环境以及周围人群的行为准则和惯性做法会影响我们生活的方方面面，包括我们的语言和行为。不论是购买哪种品牌的商品的小决策，还是决定职业发展道路中的重大事宜，我们通常都会模仿身边人的选择。这种模仿的倾向是根深蒂固的。

即使在知道正确答案的情况下，他人的行为也会影响我们的选择，

原因就在于社会的压力。**在绝大多数情况下，人们都会选择服从多数人，因为这样做会让自己成为人群的一部分。**

模仿可以令双方关系融洽，有助于社交。模仿就像一种社会黏合剂，能将人们彼此联系在一起。当某人的行为方式与我们相近时，局面不再是对立的。我们会觉得彼此更亲近、关系更紧密、相互依存度更高，这些都是在无意识中发生的。模仿同样会带来事业的成功，在谈判过程中模仿不仅有助于人们达成协议，还能让谈判双方创造更多价值，并从中获益更多。面试时模仿能够让面试者感到更舒服，表现更好；在零售业模仿能够增强说服力。只有我们不想与对方交往时才不会模仿他人。因此，作者说模仿是人际交往中的标准组成部分，一旦缺失会让我们感到自己碰壁了。

热门事件的出现，有时在于运气和群体效应，而不在于其品质有多高。无论是想双方达成协议，还是想让某人做某事，或者只是想让别人喜欢自己，模仿对方的语言和行为举止都是最简单有效的办法，即使只是在邮件中模仿对方的问候方式都能拉近彼此的关系。

我们都说集体有智慧，只有当每个人都贡献出自己的信息时，集体才是明智的，将这些信息汇集在一起后，集体决策才会比任何个人决策都好。如果每个人都选择从众或者每个人都不分享自己所掌握的信息，那么集体也就失去了存在的价值。因此，将每个人掌握的特定信息都诱发出来至关重要。

东西方的文化差异，造成了大家在选择产品的时候，会有不同的关注点。很多美国人认为与众不同象征着自由和独立自主；而在东亚文化中人们更看重的是和谐以及彼此间的联系，太过出格会被认为是离经叛道，无法融入集体。研究表明：与中国人和美国人相比，中国人和韩国人选择的东西更相似。如果将相对普通的东西和有特色的东西同时放在东亚人面前，他们会选择那些更普通的。

每个产品在推出时都会锁定目标用户，而且会很清晰地表达出它们的目标用户的画像。因为人们在乎的不只是其他人在做什么，或其他人是怎样做的，还很在乎这些其他人是谁。所以大家会将自己和产品的目标人群做对比，看看自己是否属于目标人群。

人们会为避免自己的身份被搞错而做出改变，因为人们不想向他人传递某种自己不想要的身份信息。与身份相关的紧密程度，部分取决于他人是否可见。例如，人们更容易观察到某个人开的汽车，这是属于可见性的，也就更容易由此推断其身份。做出选择的功能性考虑越少，与身份的关联就越密切，某个人使用何种纸巾或者洗洁精更多地取决于对其功能的选择。

但很多其他选择并不是出于功能的考虑，更多的在于个人的品位。与纸巾相比，发型的选择并不主要是基于功能的考虑，汽车的选择同样如此。所以，当个人品位决定了一个人的选择的时候，我们往往会更愿意借此来推断一个人的身份，并且只有当这种选择被视为身份信号时，人们才会在选择方面出现分歧。

如果将想要的行为和有理想的群体，或者某种人人都想要的身份联系在一起，通常会取得更好的效果。例如，大力水手总是吃菠菜，所以才会变得身强力壮。人们认为的这种联系让美国的菠菜消费量提高了1/3。广告商很久以前就认识到了这一点，所以才会将很多明星与各种各样的物品联系在一起。刺激越复杂，人们习以为常的可能性就越低。相对简单的事物可以很快地吸引人们，却也会迅速地消沉下去；复杂的事物需要更长的时间来赢得人们的好感，但吸引力也会保持得更长久。

自我控制能力同样很重要，很多事物从来不会达到令人厌恶的程度，因为在达到这种程度之前人们就会选择放弃。

差异程度适中的事物通常能够引起更多人的关注，熟悉感和新鲜感的完美结合，能够驱动事物流行起来。相似度中等的事物能满足人们既有的新鲜感和熟悉感，以及对差别的需求。

新鲜感和熟悉感看上去是矛盾的，因为我们既想与他人相似，又想与众不同；既想与他人做同样的事情，又想做独特的自己。适度相似，有助于解决这种矛盾对立的关系，我们可以和朋友穿同一品牌的衣服，但会选择不同的穿衣风格。我们可以和同事买同款沙发，但会选择不同的颜色。与周围人或我们愿意成为其中一分子的人群做类似的事情，可以满足我们融入社会的需求。选择有所不同的事物，能满足我们有别于他人的需求。我们要与他人有所区别，而且这种区别要恰到好处。

人们从来都不会单纯地评估技术。设计和技术结合影响了消费者的产品感知，如果能让创新产品的差异化恰到好处，这种综合效果将是最好的。

本质上人类属于社会动物。无论我们有没有意识到这一点，其他人对我们生活的方方面面都有影响，并且影响之大令人吃惊。对我们而言，社会影响虽然是无形的，但影响巨大。我们无法看到这种影响，并不意味着这种影响不存在。人们往往会戴着有色眼镜来看社会影响，哀叹人类只会随波逐流。从众不是什么好现象，模仿他人的天性会让我们在应当提出异议的时候随声附和，或者在应当各抒己见的时候选择沉默不语。但社会影响本身无所谓好坏，跟随坏人的脚步会让世界多一份罪恶，跟随好人的脚步会给世界添一份美好。

通过研究社会影响的作用机制，我们可以利用它来改善我们和他人的生活。社会影响也是一种工具，和其他工具没什么区别。

这本书其实是从事物的背后来分析社会影响对事物流行产生的一些作用，是非常有价值的一本书，而且是一本对于心理学和消费行为学以及流行学研究者来说很重要的参考书。

《跑者脑力训练手册》读书笔记

作为一个跑者，你最大的资本就是你的大脑。大脑的能力是无限的，要想成为一名跑者，就必须拥有一个跑者必备的大脑。

本书的作者长期担任波士顿马拉松的心理医生。如何跑完一场马拉松？如何从温暖的被窝里出来，进入寒冷的清晨，开始一场训练？如何度过自己的撞墙期？这一切都是自己的大脑决定的，所以训练自己的大脑非常重要。作者认为，我们应该像对待我们的膝盖疼痛和肌肉拉伤一样对待我们的大脑。跑步对大脑会产生很大的好处，跑步会改善记忆，延缓衰老和增强幸福感。如果你想成为一个跑者，你必须让自己的大脑相信你能够成为一个跑者，而且你应该强化自己的跑者身份。你应该学习关于跑步和成为跑者的一些知识。你要学会和其他跑者一起跑步。你要学会设定跑步的目标，而且你要穿着得体，让自己像一个跑者，然后你要跑起来而且不能停止。也就是说，你要向大脑的网状激活系统尽可能地传达不同类型的关于你是一个跑者的信息，这样会让大脑认识到：你是一个跑者。

对于一个跑者来说，设定目标是非常重要的，而且在设定目标的时候，要更关注基于表现而不是基于结果的目标。你要能够预期挫折和失败。当你达到一个目标后，不要直接过渡到下一步，而应该做一个工作表，然后利用设定的工作表逐步构思你的跑步目标。例如，我设定的目标是能够达到PB（Personal Best，个人最好成绩），这是结果目标。我还可以设定一些小目标，如跑出最好成绩；能够在跑步中不停止，这是另外一个小目标；在跑步中尽量不让自己受伤，这也是一个小目标。设定一些小目标的好处是，你也许实现不了最终的目标，但是可以实现其他小目标，这样其实也是进步。

设定目标之后，你的新训练会比之前的训练在时间和难度上有所增加，这时候你需要学会调整身体来适应，保持耐心是很重要的。可以用可视化训练方法帮助你确定目标，可视化训练可以提高成绩。跑者的大脑产生的愉悦感很有可能让人产生心流（Mental flow）。跑者的心流感觉和其他工作中获得的心流感觉是一样的。作者的描述如下：他们变得如此专注于一个活动，以至于完全失去了时间的概念。当达到这种状态时，他们有一种难以置信的全神贯注的感觉。此时你不会分心，也不会有任何心理障碍。我在跑第一个马拉松——千岛湖马拉松的后 35 千米时，撞墙期过了以后，产生过这样的感觉，约 15 分钟。作者认为，跑者的愉悦感和心流的感觉是不同的，跑者的愉悦感可以是一种令人兴奋的欢欣感，心流的状态更像是安宁专一的幸福感；跑者的愉悦感似乎是对新奇事物的回应，而心流通常是对熟悉感的回应，所以心流更容易在经验跑者中产生。

获得跑步愉悦感的四大策略：第一是积极乐观地考虑问题，第二是寻找新颖性，第三是学会迎接挑战，第四是和朋友一起跑步。如果你每天都在同一时间，以相同的配速跑同样的路线，就会感到无聊，所以应该找一些新的跑步方法。

好多跑者在跑前都会有一些仪式感的行为，如穿上红色的袜子，或者在跑前吃一个鸡蛋等。仪式感是可以的，但是你需要掌握你的意识，而不能被它控制。跑步时的穿着是能够影响你的情绪的，所以穿得像个跑者，你就会感觉自己是个跑者，那你也会成为一个跑者，你的衣服代表了你内在的动力和感受。找到一个合适的跑友，跟你一块跑步是非常重要的。理想的跑友就是那些比你跑得快一些，并且与你的训练计划类似的、可靠的人（我认为可靠很重要，千万不要与经常爽约的人一起训练）。你的朋友应该激励你更加努力，但不是过分努力。

不一定非要参加比赛，因为比赛并不适合所有人。参不参加比赛要看你的动机，以及你能不能为自己参加比赛找到一个足够有趣的目标。例如，我每次参加比赛都还是挺激动的，和很多陌生跑友一块比赛时，穿过终点的欢呼声，以及拿到奖牌的喜悦心情，都是激励我跑步的动力。如果你参加的是一个5千米的比赛，那么你需要做的是保持专注，不要让其他事情和选手分散你的注意力；如果你参加的是一个爬坡比赛，那么要利用分心和分离策略，想想那些能让你转移痛苦的事；如果你是在参加一个越野赛，那么专注于路标比配速更重要；如果你要开始跑第一个马拉松，你应该做的第一件事情是了解赛道。

如何应对撞墙呢？我会在比赛的30～35千米出现撞墙。因为补给或者营养没有跟上产生的撞墙我没有遇到过。我遇到的撞墙一般都是心理的问题，就是感觉自己跑不动了，必须停下来。这时候专注跑步，不要想结果，可能会好一些。

作者在书中还讲述了如何对付恶劣的天气，如何在跑步机上跑步。这两章内容我不太感兴趣，因为我参加越野比赛时，恶劣的天气和复杂的路况是必须接受的，所以我内心是能够承受的。另外，我基本上不会在跑步机上跑步 。

如何在跑步中克服如无聊、口渴、沮丧等一些不愉快的感觉？作者提出了两个策略：一个是联想，另一个是分离。联想策略就是你在跑步的时候可以把自己想象得更轻松一些。如把自己的身体想象成一个正在爬坡的火车，或者在风中漂浮的帆船，或者自己唱歌给自己听，或者不断地重复一些口头禅。我在跑步中，感到难受、无聊或煎熬的时候，就会唱歌给自己听，有时候也会数数，从 1 到 100 这样循环地数。分离策略就是你可以想一些和跑步不相干的事情。如想想你生活中甜美的事情；想想接下来的假期你想干些什么事；在大脑中给自己设计一套服装；想象正在吃冰激凌。在跑步最煎熬的时候，我尝试着用过联想和分离的办法，还是非常管用的。

作者最后列举了 8 位精英跑者，以及他们是怎样设定跑步目标和参加比赛的。例如，他们采用了可视化的方法、目标制定法、分离策略以及联想策略，等等。我总结了一下，在跑步中遇到问题或最艰难的时候，你要咬牙熬过去，而且赛前应该做好准备工作，把比赛中可能发生的故障先预演一遍，找到解决方案，这样你才能够更愉快地跑步。总之，这本书带给我很大的启发，因为之前我都是在盲目地跑步。其实在跑步过程中，脑力训练非常重要，也就说我们应该带着大脑去跑步。我相信读完这本书，我的跑步成绩可以得到提高，我也能够更专注于跑步，更科学地跑步。

《你要如何衡量你的人生》读书笔记

本书的作者是著名的管理思想大师、哈佛商学院的教授克莱顿·克里斯坦森，他写过一本叫《创新者窘境》的畅销书，我相信几乎所有的创业者都读过。2010 年，克里斯坦森教授被诊断患有淋巴癌，他忍受着化疗的煎熬与病魔抗争，并反复思索自己的人生过得是否有意义，他领悟到"衡量我们人生的不是金钱，而是可以帮助多少人变成更好的人"。他为哈佛商学院的毕业生做了一场极有影响力的演讲"你要如何衡量你的人生"，本书的内容 就来自这场演讲。

这本书告诉我们如何思考，而不是直接告诉我们思考什么，因为思考的过程比结果对人生更有意义。

好的理论可以帮助我们进行归纳和解释，最重要的是能帮助我们做出预测。信息和数据只代表过去，过去的信息并不能预测未来，而理论能解释将要发生什么，甚至在我们亲身经历之前就能告诉我们将要发生的事情。

真正让我们非常满意并爱上工作的是什么呢？应该是有挑战性、获得认可、责任感、个人成长，这就是赫茨伯格研究中的"动力因素"。动力因素很少与外在刺激有关，更多的是与自己的内心和工作状况有关。那些找到喜爱的工作的人，会觉着这一生没有一天在工作。

动因理论给我们的启示是什么呢？常问自己不同类型的问题，而不要总问自己过去问过的问题。如这份工作会给我带来发展机会吗？我还能继续学习新东西吗？我将会被赋予更多责任吗？一旦清楚了这一点，工作中最重要的就会越来越清晰。

仅了解动力因素还不够，我们还需要把人生追求和偶然机遇平衡好，这就需要做好人生战略管理。 战略不是一成不变的，不是对一些联系不紧密的事情进行分析，而是一个情况多样且难以控制的连续过程。战略管理的过程很辛苦，因为周密战略和新出现的偶然机遇会为争夺资源而战。虽然管理的过程是很有挑战性并难以掌控的，但是几乎所有的公司都是通过过程来获得支撑战略的，而偶然因素可能会改变战略。

　　几乎所有的战略都是周密战略和意外机遇结合的产物，关键是要走出去并行动起来，一直到你明白将自己的聪明才智、兴趣和重点放在哪里才行。当你真正找到适合自己的工作，就应该立即将应急战略转化为周密战略。作者通过阐述个人的职业生涯经历，向我们阐述他是如何通过周密战略不断调整应急战略，对意外机遇敞开大门，并步入满意的人生轨道的。

　　在战略制定的过程中，资源配置是最关键的。资源配置的过程决定了要资助实施哪个新方案：是周密方案还是应急方案，哪个方案不应分配资源，等等。任何一个战略，不管是企业战略还是个人生活战略，都是从数百次日常决定中产生的，它是关于安排时间、精力和金钱的决定，是关于分配人、财、物的决定。如果资源没有用在已经决定了的战略上，战略就不太可能被实现。

　　在资源配置的过程中，我们总是会把额外的时间和精力投资到能迅速清楚地证明有所成就的活动上，事业绝对能给我们提供这种证明，但生活中除了事业还有其他，包括家庭、朋友、信仰、健康等。我们要确保分配的资源与认为的重要事项是一致的，确保衡量成功的标准和关心的事情一致，确保考虑的事情都列在时间计划表里，这样可以制止我们关注短期目标而牺牲长远目标的倾向。

要记住，与家人、朋友之间保持长久的亲密关系是我们开心的源泉，值得每个人用心去做。

作者在书中还提到了阿玛尔·毕海德的"好钱和坏钱"理论。在事业刚起步阶段，不知道公司战略是否能够成功，耐心等候公司成长，用最少的资金找到一个可行的战略。这种情况下投入的资金是"好钱"。在所有能够成功的企业当中，有93%的企业会因为最初战略行不通而改变。因此，在找到可行的战略之前投入的资金越多，就越容易把企业推到悬崖边，这种急于看到成长而非获利的资金就是"坏钱"。

如果一个企业一直都忽视投资新业务，直到它需要新的收入来源和利润来源时，才注意到这点就为时已晚了。很多产品之所以会失败，是因为公司从错误的角度开发产品，这些公司更多的关注能卖给客户什么，而没有考虑客户需要什么。人际关系也是一样，我们总是考虑自己需要什么，而没有考虑对他人而言什么是最重要的。改变看问题的角度对改善人际关系非常重要。

作者认为，我们之所以要购买产品和服务，其实是因为我们需要购买产品来完成某项特定的任务。也就是说，导致我们购买某种产品的机制是我们需要完成一项任务，而这个产品能帮助我们达成这项任务。

要找到顾客最需要的东西。要清楚提供的产品和服务是帮助顾客来完成什么样的工作的，或者产品是被雇用来做什么工作的。作者举例：学校是被雇用来做什么工作的？我们自己是被雇用来做什么的？作者认为我们终生将会被雇用去做的一项最重要的工作就是做别人的配偶，我也相信做好这项工作对维持幸福生活是非常关键的。

作者还提到通向幸福婚姻的道路是找到你想让他（她）幸福的那个人，他（她）的幸福值得你付出！付出能使承诺的关系更牢固，这个原则适用于家人、婚姻、密友、组织甚至文化和国家。

父母最重要的责任之一就是帮助孩子学会解决困难。那么如何培养孩子的能力呢？麦考尔认为伟大的领导力不是天生的，管理能力是在生活中培养和塑造的。一个具有挑战性的任务，一次领导项目的失败，一次新领域的任务都是经验学校的课程。领导者具有或缺乏的技能，很大程度上依赖于他们上过或没有上过的课程，在经验学校学习正确的课程，将帮助我们提高取得成功的概率。

大多数人对家庭生活有美好的想象，我们想象着孩子品行端正，并且崇拜、尊重我们。但想象和事实往往是两码事，而文化能够帮助我们缩小理想与现实的差距。

文化是人们朝着一个共同目标一起工作的方式，这种方式一直被大家沿用，以至于人们根本不会想到要以另一种方式去做事。特定文化一旦形成，人们就会自动去做要取得成功所需要做的事情。问题出现时要做的不仅仅是解决问题，还要在解决问题的过程中明确什么是最重要的。对于员工来说，他们在这个过程中形成了对公司价值取向的理解，并学会如何去实践这一价值取向。

以上理论教我们如何面对在职业和生活中寻找幸福时遇到的挑战，接下来作者介绍了如何保持正直的人生。

当一个成立很久的大企业的管理人员需要做出投资决定时，他会面临两种选择；第一种是建立全新的品牌和销售队伍，这时就要考虑它的完全成本；第二种是使用现有的东西，这样只需要花费边际成本获得边际收入。在大多数情况下，关于边际成本的考虑总是能够战胜完全成本。但是新企业不同，它们的考虑中没有边际成本。在竞争中，边际成本的理论使具有一定规模的企业继续选择使用已有的东西，结果就是付出了比完全成本更高的代价，甚至因此失去了竞争力。这也是作者在《创新者窘境》里面所阐述的理论。对个人而言，也是同样的道理。在面临选择时，想象你所做的每个决定都符合当初下定决心要坚持的原则，这样可以更有效地防止你做出让自己后悔的决定。

每个企业都有自己的目标，这个目标体现在企业的价值取向中。未来画像、认同感以及标尺 3 个部分构成了一个企业的目标。追求积极影响的企业不能在偶然的情况下确定自己的目标，有价值的目标也不会偶然产生。所以目标不可能是命中注定的，应该是经过深思熟虑后选定的。当目标确定好之后，如何实现目标常常会出人意料，因为机会和挑战会不断地出现。优秀的企业领导知道利用目标的力量帮助他们立足于市场。

　　你的人生目标非常重要，不能交由偶然来决定。如果你花时间来寻找你的人生目标，那将是你学到的最重要的东西。生活的基本问题，并不存在所谓的特效药和快速解决的方法，生活是一个过程，而不是一个事件。

创业密码2

附录二

坚持做一件有价值的事

至本书完稿，我已经完成超过 40 场全程马拉松，两场 100 千米越野，攀登了两座雪山。我想，跑步和运动已经成为我生活中不可缺少的部分。每次参加完比赛，我都会写一篇赛事记录，发表在我的公众号"创业与投资"上。我总有老到跑不动的那一天，坐下来静静阅读，也是一种人生的回忆。下面是我节选的跑步记录，希望大家阅读之后也能够运动起来，保持好的体魄才能应对创业中的风风雨雨。

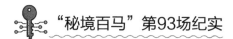"秘境百马"第93场纪实

云南的名人金飞豹（以下简称"豹哥"）创造了一个世界纪录，他用 100 天跑完了 100 个马拉松，平均每天 1 个。我有幸在 2018 年的 8 月 19 日，陪豹哥一起跑他的第 93 个马拉松，也就是"秘境百马"的第 93 场。当知道他已经连续奔跑了 93 场的时候，我感到无比震撼。

　　我在 2018 年 8 月 18 日，从北京飞到了昆明，从昆明机场又坐了 3 个半小时的车到了轿子雪山。这条路非常难走，不过转龙镇的住宿条件很好，我在当地一个比较新的温泉酒店住了下来。晚上大家陆续到了，见到了很多知名跑友，大家都是第二天陪豹哥跑马拉松的，但是听说豹哥从上一场比赛转过来还需要花很长时间，可能很晚才会到。

　　轿子雪山海拔超过 2 千米，空气质量非常好，负氧离子浓度很高。所以，我在这里睡得不错，一觉睡到第二天 6:00。开车用了几分钟来到轿子雪山马拉松的起点：镇政府的门口。早上有一个简短的仪式，一帮志愿者跳了当地的民族特色舞蹈，气氛非常好，比赛在 8:00 准时开始。

　　我与豹哥神交已久，但是见面还是头一次，边跑边聊天，发现他的

膝盖其实已经受伤了，但他还是在咬牙坚持。这一场马拉松的跑友并不多，有从楚雄过来助跑的马锅头，他是云南当地跑圈的一个知名人士，他带了一个跑团。还看到了空军原司令侯司令和在北京做"7+2"极限攀登的阿贵，等等。一帮跑圈内的好朋友，大家边跑边聊，听豹哥讲他"秘境百马"的经历及他为什么要做这件事。豹哥之前爬雪山登过珠峰，后来又开始跑步。

"秘境百马"是个很有意思的比赛，几乎跑遍了云南所有的州县和旅游景区，从开始的不为人所知，到现在每场赛事都受到当地政府的重视和大力支持。我觉得一个人真的是能够改变环境的，也能够改变其他人的行为。

在交流的过程中，豹哥稳重、平和的心态对我启发很大。的确，100个马拉松去跑就好了，淡定从容，一步一步地跑向终点。这是他的梦想，也是让云南的各个州市的旅游景点，能够在全国、全世界得到宣传的非常好的机会。100场马拉松，很多名人和政府官员都来助跑，毛线团的跑友也参加了很多场比赛，非常开心。

据说在昆明举办的"秘境百马"收官之战，将有上千人前来助阵，当地的领导、一些知名的跑友和名人都会来助阵，我相信那是一个辉煌的收官之战。

这场马拉松没有压力，跑的人也很少。基本上过一两千米就有私补。私补是非常丰富的，有各种水果、面包和蛋糕。大家跑跑走走，开开心心地就跑完了这场比赛。由于这场比赛是在海拔 2200 米左右的地方举办的，所以我创造了跑步以来心率的最大限度：208。

由于我刚刚跑完老牛湾的 100 千米超级马拉松，身体还没有完全恢复过来，跑的过程中感觉到腿和脚还是会隐隐作痛。正好这也不是一个追求名次和成绩的比赛，所以很开心地陪着豹哥他们慢慢地跑到了终点。这也是我个人马拉松史上非常有价值和纪念意义的一场比赛，也是最轻松的一场马拉松比赛。

这场比赛结束之后，下一场比赛会是太原马拉松。在这期间，我好好休息了一下，调养身体。跑步能够让你见识到非常多的很棒的人，而且让你能够认识到很多值得你尊敬和学习的跑友。如这次比赛中遇到了来自雄楚的马哥，他一直在举办家庭马拉松比赛，以家庭为单位的模式是全国首创，而且有非常多的人来参加。

我觉得跑步就是这样，不管是跑者还是赛事的组织方，大家都非常认真、用心地对待每场比赛，在跑步和交流的过程中，每个人都在进步，每个人都在升华。

一场艰难的比赛——六大满贯之纽约马拉松完赛纪实

纽约马拉松是大满贯里仅次于波士顿马拉松的比赛。纽约马拉松从 1958 年开始举办，据说 2018 年纽约马拉松参加人数最多，参加人数超过 5 万。

2018 年的纽约马拉松于纽约时间 11 月 4 日举行，我在当地时间 2 日抵达纽约，3 日去"马博会"领了装备，4 日参加比赛，时间安排挺紧的。这次来纽约没有住酒店，住在了朋友的家里。我的朋友在长岛有一栋别墅，这里非常安静。虽然离城市稍微有点儿远，但住在这里让人心情非常愉快。

纽约马拉松和伦敦马拉松一样是分区开始比赛，从 9:50 开始，我被分在了最后一区，所以是 11:00 开跑。纽约马拉松的起跑点是史坦顿岛的维拉诺海峡大桥，所以需要上岛。上岛其实是非常麻烦的，大家都很早上岛了，而且都被提醒：由于岛上天气特别冷，大家要穿一些旧的衣服上岛，开跑之前把它扔掉。

这次上岛发生了一件有惊

无险的事情。因为是朋友开车送我们去起跑点，当时就想着可以开车直接上岛，但是早上才发现其实大桥已经被封了，没办法上岛，只好临时改变路线去了码头，从码头坐船上岛，然后又坐大巴去起点。时间非常紧张，我们 10:40 到达了起跑点，算是赶上了开跑。

纽约马拉松的路线非常经典，它穿过布鲁克林区和皇后区，然后经过皇后大桥，进入曼哈顿，从第一大道到第五大道，最后进入中央公园到达终点。

纽约马拉松和我跑过的芝加哥马拉松以及伦敦马拉松一样，会有当地的民众自发聚集在跑道两侧，给跑者加油，旁边还会有很多自发的乐队进行表演，民众的尖叫声和巨大的摇滚乐声充斥着整个赛道，这样的比赛场景和国内的比赛场景是完全不同的。纽约马拉松的补给和国内比赛的补给相比差得很远，除了水、饮料、能量胶和 30 千米之后才有的少量香蕉以外，基本上没有其他补给了。之前跑芝加哥马拉松有过这样的经历，所以自己带了一些吃的。

这次比赛其实跑得非常艰难，可能是因为时差的问题，到纽约以后睡得少，然后又熬到 11:00 才开始跑。前 15 千米，我都是按每 5 千米 30 分钟的速度在跑。但过了 15 千米，心率突然升到了 170 以上，并且感觉胸口有点儿发闷，所以就立即降低了配速，停了下来。在 15～18 千米的这段路程我非常艰熬，而且感觉全身无力，过了 18 千米才感觉稍微好了一些，就这样缓慢地跑到了 30 千米。

30 千米后开始感到脚板心和膝盖有些疼，这是之前比赛很少遇到

的，后来胸闷和头疼的感觉更加明显，所以果断地将配速降了下来，并且跑走结合，然后也休息了一下，当然这对成绩的影响非常大。从 30 千米到终点的 12 千米，我基本上是靠缓慢地跑和走完成的，最终以 5 小时 30 分完成了比赛。大满贯的比赛是参与第一，尽量完赛就好了，所以我对成绩并没有特别的追求。

在中央公园完赛之后，纽约马拉松组织方给大家准备了防寒毯，避免大家受凉，这也算是纽约马拉松最让人感到温馨的地方。

跑完纽约马拉松以后，六大满贯的赛事，我就只剩波士顿和柏林这两场了。我争取能够尽快拿到大满贯的奖牌，完成这一系列的打卡活动。跑大满贯比赛，能对一个国家和一个城市深入了解。跑完之后我还会去大都会博物馆看一看，我觉得跑步也是另一种旅游和认识城市的方式。

跑完纽约马拉松之后，我决定好好恢复一下体力，然后做一些持续的锻炼，争取以后取得更好的成绩。

这次大满贯比赛也来了毛线团的一些朋友，虽然大家没有在赛道上见面，但在群里面互相热情地打了招呼，而且互相鼓励。跑步，其实也是一个团体活动，大家在一起开开心心地跑步，开开心心地交朋友，也是一件非常美好的事情。也希望大家能够加入跑步的大军，一起健健康康地跑步，快快乐乐地生活。

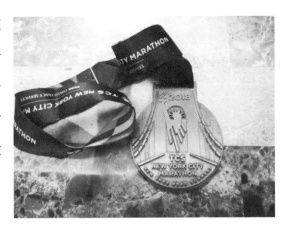

🔑 无锡马拉松纪实

无锡马拉松是我 2019 年参加的首场马拉松。2016 年在无锡跑的第二场马拉松就是我的 PB，当时的成绩是 515（5 小时 15 分完赛），还得了一件具有纪念意义的 PB 衫。无锡不仅有特别适合比赛的赛道，而且季节和温度都比较合适，所以我苦练了 4 个月，把无锡当作我的首选赛道。

2018 年跑完长白山马拉松之后，我由于肠胃不适，就停止了参加比赛。之前的比赛都是比较放松地跑，30 千米以后，基本上就开始跑跑走走，所以成绩不是很理想。2019 年我调整了方式，还是希望能够跑出更好的成绩。我进行了大量的训练，主要的训练就是每周的间歇跑、变速跑，以及周末的长距离慢跑（LSD）。但训练的效果是未知的，比赛是检验平时训练的唯一方式。在来无锡之前，我训练时不小心致使右腿轻度拉伤，跑步的时候还是有轻微痛感。

来到无锡之后，我总是担心自己的腿伤会影响比赛，所以除了通过涂抹药物以及贴肌效贴以外，还做了很多其他准备。我觉得这次比赛，是我跑马拉松以来准备得最充分的一次，包括早上吃什么东西，穿什么样的衣服，以及在比赛中应该按什么样的节奏、配速去跑，什么时候补给，我在赛前都做了详细的规划。

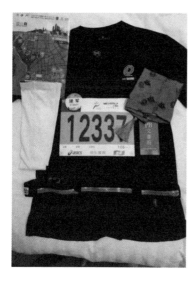

比赛的前一天晚上很奇怪，我居然没怎么睡着觉，一个原因是兴奋，另一个原因可能是紧张。之前跑了 30 多场马拉松，从来都没有这样紧张过，因为以前都是放松跑，这次是带着目标和任务来跑的。

2019 年 3 月 24 日 7:30，比赛正式鸣枪，我排在 F 组，等我冲过起点的时候已经是 20 分钟以后了。在前 30 千米，我严格按照自己的控制配速来跑，配速保持在 6 千米 / 时，然后每 5 千米喝一小口运动饮料或水，10 千米补盐丸和能量胶。

无锡的赛道风景非常美，太湖沿岸都是樱花，而且经过鼋头渚公园。以往的比赛我都会停下来拍照片，这次比赛心无旁骛。跑步时完全没有注视这些，只是看着心率和配速，严格遵守自己的赛前规划进行，我觉得这是我最认真对待的一场比赛。

本来约好和中国人民大学的朋友亚明同学一块儿来跑，这是他的首场比赛，他在 10 千米的时候才追上我，然后我们俩一起跑到 30 千米。

他参加过越野，身体素质非常好，就自己去冲他的最好成绩了。所以这次比赛大部分时间还是我自己在跑，就算有人陪跑也没怎么聊天。平时的比赛我都会尽量放松、聊天，然后边跑边看风景，这次的确没有，完全专注跑步，而且不断地提醒自己，要专注、放松，然后调整心率、呼吸和步幅。我觉得之前看的那本《跑者脑力训练手册》对我这次跑步还是挺有帮助的。

问题出在 30 千米以后。前 30 千米我的配速基本上在 6 千米 / 时，而且跑得不吃力，但 30 千米以后就开始掉速。我想还是因为平时的 LSD 基本上在 25～30 千米，30 千米以后 LSD 并没有拉过。在之前的比赛中，30 千米以后，我基本上就开始跑跑走走了，心理和身体都是习惯于那种节奏，因此 30 千米以后开始控制不住了。

好在到 30 千米的时候，我超过了"430 的兔子"（按照 4 小时 30 分完赛的领跑人）。因为"430 的兔子"是按照枪响时间，所以我知道打破赛前定的 430（4 小时 30 分完赛）目标的可能性大增。但是配速还是在缓慢地降低，而且不受控制，基本上到 630（每千米 6 分钟 30 秒），甚至在停下来喝水的时候到过 7（每千米 7 分钟）。

35 千米之后就完全靠坚持了，咬牙去跑并没有停，告诉自己千万不

要停，一千米一千米地去熬。最后还是靠着坚忍的意志，熬过了 35～42
千米的距离。

最后的成绩是 4 小时 19 分 10 秒，这个成绩比我预想的 430 的成绩
要高好多，而且是我最好成绩的 PB，非常开心。这也是坚持 4 个月训练

的结果，科学跑步、制定目标、不断地去
超越自己，我觉得这就是跑步的真谛。

之前的跑步由于我都比较放松，每次
跑步成绩一般，跑完也不很累，而且也习
惯如此。但是受到了很多跑友的"鄙视"，
我内心也是很有压力的，所以开始严格要
求自己。2019 年，我可能跑的场数不会太
多，但是我还是希望能够让自己的成绩不断地提高。这次跑完以后也没
有很累，只是因为腿有点拉伤，所以还是影响了成绩。但整个过程并没
有玩命去跑，所以没有出现心率过高，或者说呼吸紧张的问题。基本上
是在可控的范围内完成了比赛，所以跑得非常舒服。

无锡也是我的福地，我把 2019 年的首场马拉松选在这里，也达到了
自己赛前制定的目标。当时我希望 2019 年年底再提高一些成绩，但我想
还是应该加强锻炼，首先应该是把 LSD 的距离拉长。

跑步是我一生的爱好，我会坚持去跑，不管是到 50 岁、60 岁还是
70 岁，我想我都会一直在跑道上。跑步让一个人身体健康，也会让一个
人的心灵得到净化。伙伴们一起来跑步吧，加油！

🔑 三进山城——重庆马拉松纪实

　　我连续三年参加重庆的马拉松，对我来说也算是一件非常神奇的事情。第一次跑重庆马拉松就是来打个卡，第二次是因为要参加中国大满贯赛事，这次来是因为要领中国大满贯的奖牌，所以每次都是有原因的。

　　这次的重庆马拉松是 3 月 31 日比赛，作为 2019 中国马拉松大满贯首战，海内外 487 个城市的 3 万余名马拉松选手和马拉松爱好者报名参加了此次比赛，全程 12000 人。重庆马拉松还是从南滨公园的门口开始跑，每年都是一样的，这个季节正好赶上重庆的小雨时节，所以每次马拉松都有可能会下雨。当时下了点小雨，但并不影响比赛的进程。

　　我是 30 日 18:00 才到重庆的，因为 30 日上午还在杭州给金研院投资班的伙伴们讲了一次股权投资的课，讲完之后直奔机场，飞到了重庆。本来是去参加大满贯比赛的获奖仪式的，因为我参加了第一届大满贯并完赛。这个大满贯指的是连续参加北京、广州、重庆和武汉四站比赛，完赛后大满贯组委会给发一个奖牌，就像右图这个比脸还要大的牌子。

　　我 19:00 多赶到重庆国际会

议中心领装备的时候，展厅已经开始拆除了。我飞一般地领完参赛物资，然后直奔大满贯的发布现场，幸亏还有两位工作人员没有走，我领到了大奖牌和全套大满贯的礼盒，感到很欣慰。

由于时间比较紧张，所以看了看路线，回酒店就早点休息了。这次睡得比较好，不像无锡因为要 PB，所以很兴奋，晚上睡不着觉。这次一觉就睡到了 5:30，闹钟一响就起床，开始做准备工作。由于之前无锡 PB，腿部有点拉伤，所以这次比赛，我还是把它当作一个长距离的 LSD 来跑，没有特别的目标，心情也比较放松。

比赛于 2019 年 3 月 31 日 7:30 正式发枪，前 5 千米缓慢地跑让受伤的腿适应。大概跑到 10 千米的时候，突然感觉肚子非常不舒服，然后上了趟厕所，这是我跑步以来很少  见的情况——拉肚子。但这次好像很严重，拉完肚子之后，感觉自己好像有些发虚。虽然下着小雨，但还是开始出汗，所以我就调慢了配速，开始真正的慢跑。

从 10～30 千米，我都是以差不多 630（每千米 6 分钟 30 秒）的配速缓慢地在跑。中间碰到了毛线团的孙文雷同学，陪他跑了大概 10 千米。他刚跑完了 168（崇礼 168 国际越野赛），也是一个传奇式的人物，后来他也去上厕所了，我就又开始了自己的漫漫征途。

　　我大概是在 9 千米的时候，超过了"500 的兔子"（按照 5 小时完赛的领跑人）。但是到 35 千米的时候，"500 的兔子"又追上了我，因为30～35 千米的时候我又掉速了。我每次跑到 30 千米就开始掉速，我觉得这个情况可能还是长距离的 LSD 拉得不够的原因，回头我要把这课补上。跟着"500 的兔子"，从 30 千米开始慢慢跑。因为跟着"兔子"跑，所以有参照物，也没有停下来。我这次跑步仍然没有跑跑走走，还是咬牙在跑，所以按 7（每千米 7 分钟）左右的配速，跑完了最后的 10 千米。

　　这次的成绩一般，以 4 小时 53 分的成绩完赛，但是跑得还是比较轻松的。因为整个过程并没有发力，最快的配速也只是到了 554（每千米5 分钟 54 秒）而已，所以腿部并没有太吃力，尽量是小步频和小步幅地跑，完赛也比较轻松。

　　重庆马拉松给了很多的完赛物资，还是很好的，最奇葩的是给了一双拖鞋，这也是在其他马拉松赛场上没有遇到过的。重庆人非常热情，而且是一贯的热情，私补非常多。重庆的大妈手里拿着蛋糕、小番茄和橘子等，用重庆话喊着加油，并让大家过去吃，让人感到非常地温馨。

　　重庆马拉松过后，我会休息一

段时间，养一养腿伤，然后开始下一阶段的训练，争取把状态再调回去，期待下一场比赛能够跑出好成绩来。

跑步就是这样，当它成为你生活的一部分时，你就会用心和全神贯注地去跑。这也是我觉得非常快乐的一件事情，给自己加油，也给一起跑步的伙伴加油。

肉体与精神的双重洗礼——崇礼100千米越野纪实

2019 年要参加一场 100 千米的越野赛，这是 2019 年年初我给自己定的目标，所以我把完赛的场次锁定在崇礼的 100 千米越野，很早就报了名。我在 2017 年参加过崇礼的 88 千米越野，当时还没有 100 千米的越野组别。

2019 年的崇礼 100 千米越野，在 7 月 12 日的 15:00 开始发枪，因此，我 7 月 12 日很早就开车来到了崇礼。名为 100 千米的越野，它的实际长度是超过 100 千米的，赛道的连续爬升长度达到了 5360 米，是一个有难度的 100 千米越野。

由于我已经参加过比较多的越野比赛，各方面的准备也比较充分。

唯一的问题是在一周之前，我刚参加了崇礼的越山向海人车拉力赛，还没有完全恢复过来。

这次比赛的关门时间是 31 个小时，也就是说，在 7 月 13 日的 22:00 关门，当然中间还有一些 CP（Check Point，打卡点）也设了关门时间。

比赛于 12 日 15:00 发枪，刚开始天气比较炎热，大家也比较兴奋，所以跑得快一些。大概跑了两三千米以后，我就感觉到特别不舒服，有点儿拉肚子，然后去方便了一下，而且感觉到头有点儿晕。

我一想这不是什么好事情，因为第一个赛段从起点到 CP1，大概有 12 千米。我决定还是坚持把这 12 千米先跑完，到了 CP1 发现这个打卡点居然有医务工作者，而且有藿香正气水。我赶紧喝了一瓶藿香正气水，然后感觉恢复了不少。

从 CP1 到 CP2，大概 10 千米。CP2 是万龙滑雪场，以前滑雪的时候也经常来。CP1 到 CP2 的道路比较好走，而且有一段硬化路面，所以心情放松了下来，边走边跑。到 CP2 的时候，我感觉身体已经恢复了，刚开始的退赛想法也就收了回去。CP3 是有关门时间的，而且时间还比较紧张，规定在 21:30 前必须达到 CP3。由于前面身体状况的问题，我耽误了一些时间，所以在 CP2 到 CP3 恢复过来的时候，就要跑得快一些，结果提前 1 小时左右到达了 CP3，没有被关在门外。

我恢复过来以后，紧接着就要面对奇虐无比的残酷比赛，因为选手要跑过一个夜晚和一个白天，所以中间基本上没有休息的时间。我到达 CP8 的时候，已经是清晨。我在 CP8 吃了丰富的早餐之后，开始进入

CP8 到 CP9 赛段，这也是这个 100 千米比赛里最虐的一段。这个赛段的直线爬升是 950 多米，而且非常陡，连爬三四座山峰，最后到太舞小镇的山顶餐厅去换装。由于爬了太多坡，大部分选手露出一副生无可恋的表情，而且在这个赛段我看到了很多选手退赛。

最后，我们提前 1 个多小时到达了 CP9 的换装点，这里也是有关门时间的——在 7 月 13 日的 11:00 要关门。CP9 是比较大的换装点，也是我们休息时间最长的。大概休息了 50 分钟，而且有丰富的自助餐，快速地换好衣服，然后吃了一些东西就开始接下来的比赛。

在 CP9 到 CP14 的过程中，天转阴了，并开始下雨。在到达 CP14 之前，有一段近 800 米的直线下降，而且是在一个很深的沟里，路非常难走，基本上就是羊肠小道。由于下雨，道路湿滑，我的脚也开始疼了起来，这段连续下降的路段让人看不到终点，我觉得应该下降了近 3 千米，让人精神有些崩溃。我看到很多选手超过了我。我因为脚疼，所以一步一步地在往下挪，下坡比上坡还要慢。

好不容易熬过了这个我认为比 CP9 更难的下降点到达了 CP14，简单地吃了点儿东西，我们就冒雨前行。后面听说由于雷暴的原因，比赛暂停了一段时间。

　　CP14 到 CP15 以及到终点，这段是当年我跑 88 千米时跑过的路线。CP14 到 CP15 有一个大的山涧，在山涧的羊肠小道上要走 6～7 千米，也是挺让人崩溃的。因为这时候人的身体机能已经下降到了谷底，而且腿酸脚疼，身体没有力量，水也喝完了。在这段让人崩溃的路上，只能靠强大的毅力不断地埋头前行。

　　到达 CP15 休息一下，开始爬最后一座直线爬升超过 600 米的山坡。这个山坡非常陡。从路面的脚印和坑坑洼洼的印迹就可以看出爬这段路的人基本都是手脚并用的。再翻过几个山峰就看到了崇礼县城的望山亭，从望山亭沿石板路下降，就到了终点。

　　最后我以 28 小时 53 分的成绩完成了这次比赛，跟比赛之前预计的时间差不多。我之前预计是 28～29 个小时完赛，这也算实现了我的一个夙愿。因为这次崇礼 100 千米的爬升有些高，难度还是比较大的，所以

比去年的 100 千米完赛时间是要长一些。

这次比赛要特别感谢我们毛线团的邓辉同学，他在赛前反复叮咛我应该穿什么样的袜子。因为我每次越野比赛都会把脚磨破，在后半程就会特别难受，基本上只能慢慢地走。这次我在他的建议下穿了两层袜子，而且在脚上绑了肌效贴，感觉好了很多。这次比赛也感谢比戈跑步学院的姜亚东总，他请他们参加比赛的小涛教练帮我打了肌效贴，以保证能够顺利完赛。

这次我们毛线团有不少"大神"来参加比赛，大家表现都非常好，绝大多数顺利地完成了比赛，在此也祝愿大家在任何比赛中都能够顺顺利利的。

越野比赛和路跑是完全不同的两种比赛，越野主要考验的是人的意志力。每次在越野爬山的时候，建议大家不要看山顶，因为看到还未爬的高山会让自己泄气。大家需要做的就是看着脚下的路，一步一步地往上爬。然后忽然抬头一看，就已经到达山顶，豁然开朗的感觉是非常鼓舞人心的。参加越野还有一个好处，就是能够欣赏到美丽的风景，特别是清晨站在山顶，日出和美丽的朝霞会让人感到大自然无比美妙，我觉得这也是越野要比路跑更让人更享受的原因。

人生就好像跑步一样，每一步都做数。一步一步地用脚步去丈量自己的生活，丈量自己的人生。让我们在跑步的道路上不忘初心，继续前行。加油，伙伴们！

6178人生新高度——玉珠峰登顶纪实

玉珠峰位于青海格尔木，蒙古语称玉珠峰为可可赛门，意思是"美丽而危险的少女"。玉珠峰的海拔高度是6178米，是昆仑山东段最高峰，这也是我们雪山创投营投资人和创业者一起登雪山活动的第二站——2017年我们活动的第一站是海拔高度为5396米的哈巴雪山。雪山创投营是我们发起的一家专门组织创业者和投资人进行雪山攀登以及相关创业服务活动的机构。

玉珠峰在海拔6000米以上的高峰里属于较易爬的，因为它的坡度比较缓。玉珠峰考验大家的地方在于它的高非常明显，因此，要爬这座山必须经过一系列的拉练和适应。

2018年9月26日，大家在海拔2800米的格尔木集合。格尔木是一座非常有意思的城市，虽然是一个县级市，但因为它处于青藏线的咽喉要地，所以自古以来都是军事重镇。格尔木属于青海省，这里的饮食以牛羊肉为主，所以我们在这里吃到了各种好吃的菜肴。

9月27日，我们从格尔木来到了西大滩。西大滩是一个训练基地，海拔4000米左右，在这里我们进行了简单的培训和拉练。28日就从西大滩来到了大本营，大本营的海拔是5050米。在大本营能看到玉珠峰像一个馒头一样，远远地矗立在云端。玉珠峰分为南北坡，我们选择了攀登难度系数比较低的南坡，这个较适合登山初学者。

9 月 29 日吃过午饭之后，我们带好自己的装备开始徒步到海拔 5600 米的 C1 点（1 号营地）准备冲刺。从大本营到 C1 点有 3～5 千米的距离，我们大概走了 5 个多小时，因为需要完全负重，要背自己的睡袋和整个登山装备，所以走得非常辛苦，而且中间还要翻越好几座山峰。到达 C1 点之后，大家简单吃了点东西，开始短暂的休息。

9 月 30 日凌晨 3 点我们从 C1 点的 5600 米处开始登顶。以玉珠峰的高度看，登顶相对来讲并不是很难，难的是不能适应当地高海拔的气候。如果我们到 C1 点还没有太大反应，基本上就可以登顶。玉珠峰的登顶线路比较简单，就是大缓坡不断地向上攀登，到海拔 5800 米，就有了绳索可以抓着攀登。由于天气的原因，整个山被大雾笼罩。所幸，虽然下了雪，但是没有刮太大的风，也没有下雨，这对登顶来讲是一个非常好的现象。

我在 9 月 30 日清晨 8:10 安全登顶海拔 6178 米的主峰。玉珠峰的主峰和哈巴雪山主峰不一样。哈巴雪山的主峰顶上有一个牌子写着哈巴雪山的海拔，但玉珠峰的顶是平的，在最顶端有一个大的经幡，大家可以

在经幡处合影。这次准备比较充
分的是每个人都发了一个登顶的
小旗子，小旗子上面写自己的名
字，这也是非常有纪念意义的。

　　这次登山之前，我心里稍稍
有些担心，因为来之前两天刚跑
完一个马拉松，而且之前连续两
周参加了太原和北京的马拉松，体力能不能跟得上是个问题。但在登顶
的过程中感觉还是不错的，整个人的状态调整得非常好，而且由于走得
比较慢，身体没有特别明显的不适感。

　　我们在 10:30 左右下撤到了 C1 点，这时候才知道必须从 C1 点再
次完全负重回到大本营。当时大家都已经筋疲力尽，所以我觉得玉珠峰
最难的是负重走回大本营的这段距离。虽然是下坡，但大家已经耗费了
五六个小时的体力登山，又要花四五个小时徒步，这对大家的体力和意
志力来讲都是非常大的考验。

　　晚上回到格尔木，舒舒服服地
洗了个澡，缓解了这几天的疲劳。
这次攀登整体上来讲还是比较圆满
的，心情也比较放松，大家基本上
都顺利地登顶，完成了对自己的一
次有意义的挑战。但这次补给、

服务和后勤保障方面比登哈巴雪山体验差一些，这其实也说明哈巴雪山已经形成了非常成熟的登山路线和保障路线。因为哈巴雪山的海拔比较低，参与的人很多，而玉珠峰对每年攀登的人数是有限定的，所以整个服务环节就不会做得那么细致。当然，攀登雪山本身就是在和大自然进行斗争，是挑战自我的一件事，所以要求也不应该太高。

此次登山活动，每个人都收获满满，我觉得攀登雪山和跑马拉松都是对自己的挑战和超越。在过程中其实最重要的不是体力和能力，而是自己的信心和对目标的执着。当然，如果平时积极地参加一些体育运动和锻炼，会在登山过程中省很多力气。我觉得每个人在进行自己的事业和工作的过程中也要注意自身的健康，平时应该多运动和锻炼，这样才有机会做一些更有意义的事情来挑战自己。

雪山创投营每年都会组织攀登山峰的活动，为投资人和创业者创造互相探讨和交流的机会。2019 年我们攀登海拔 7546 米的慕士塔格山峰，有更多的伙伴加入，挑战自己，寻求快乐。大家一起努力，有更好的身体才会有更好的未来。

　　我记得写《创业密码》是在 2015 年，一个偶然机会遇到清华大学沈拓教授后才有的想法。他送给我一本他自己写的书，是信息领域的，我看了之后觉得很好，还与沈教授就一些问题进行了探讨。他当时就鼓励我："你也可以写一本书，把你的创业、投资心得都分享出来。"随后，他还热情地帮我引荐了人民邮电出版社的李强编辑。那时的我，从来没有写过书，也从来没想过会出版书。经过多次与李强编辑的交流之后，才大体了解书应该如何写，怎样出版。

　　当时正处于"双创"最火的时候，我们既做早期孵化又做投资，每天看大量项目，而且还开设了创业营、投资问道以及创业沙龙等各种服务创业者的活动。在这个过程中，我找到了许多初创企业的痛点，也看到了它们的不足。所以我写《创业密码》的时候，就把自己看到的和想到的尽可能地都分享出来，以提醒创业路上的伙伴。

　　时光荏苒，一晃就过了几年。我记得在 2017 年，李强编辑就跟我说该写《创业密码 2》了。但由于各种原因，我一拖再拖，到了 2020 年才完成这份沉甸甸的答卷。

　　写《创业密码 2》之前，我又把《创业密码》一口气读了一遍，感觉到满纸都是青涩和幼稚的文字，但也都是非常贴合每位创业者的，用他们的话来说"这是一本非常接地气的书。"

有一次，我去苏州做活动，当地一家经营淘宝店的创业者拿着我的书来找我，他说："李老师，我终于见到您了，我是您的粉丝，我看了您的《创业密码》，其中有些段落对我触动很深。"我看到他不仅认真读了书，还用笔标注出了重点，当时我真的很感动。还有一次，我在西安做《创业密码》签售活动，在即将收场时有一个保洁阿姨跑过来找我，她说："老师您好，我也想买一本书给我的儿子，他在另外一座城市打工，也非常想创业，我觉得您讲得很好，我想把这本书买来送给他，让他也读一读。"我听了后非常感动，当时就签名送给那位保洁阿姨一本书。

时光来到 2019 年，大环境和大形势发生了变化，很多在 2015 年时站在风口浪尖上的创业者，都已经被打落到尘埃中，能够坚持下来的寥寥无几。所以说，创业其实并不是每个人都能够参与的"游戏"。只有具备创业者的心态和能力，坚持学习，咬定目标坚韧不拔地前行，才有可能成为一名成功的创业者。

回望 2013 年，我们 3 个合伙人一起开创创客总部的时候，是那般心潮澎湃、满怀激情，真心觉得是在做一件改变世界的事情。到了 2020 年，公司已经走到第七个年头，直到今天我们才能够说一句："我们还在坚持。"大浪淘沙，沉者为金，当年很多同样做早期投资和孵化的机构，已经转行甚至销声匿迹了，但我们依然坚守，通过不断因时而变、顺势而为才走到今天。我们会一直在这条艰辛的路上努力奔跑，不忘初心、牢记使命。

《创业密码2》更具系统性，条理也更清晰。在写《创业密码》的时候，我其实很想写一本随时可以翻阅的工具书给创业者，但写着写着，胸中就出现了很多充满情怀的语句，这或许是不可避免的，因为我是天使投资人，我相信没有情怀的天使投资人是很难坚持做下去的。

从2015年到2020年，每个人的生活都发生了很大的变化。我开始尝试跑步，从1千米到全程马拉松，再到100千米的越野；从满怀理想投入双创事业，到现在成为一名早期科技创新创业项目的天使投资人，我觉得一切改变和前进都是不断选择和迭代的结果。我不知道未来会怎样，但就像书里我经常提到的那样，当我们知道灯塔的方向，就尽管风雨兼程，无所畏惧。这件事情也将是我一直要做下去的。

最后要特别感谢我的两位合伙人陈荣根、尚冠军先生，不断地互相支持和并肩作战让我们更加默契行稳致远。感谢我的同事和楠不辞辛苦地帮我校稿，感谢中国人民大学的 MBA 学生：刘宜峰、苏隽爽、陈兴宝、王丽珠、王毅蕾帮我认真分析稿件，感谢梁娜对文本的修改建议，感谢创客总部张凌瑾等所有伙伴在工作中对我的支持。

那天，一位朋友问我："你什么时候还会写《创业密码3》呢？"我说："不知道，也许还需要 5 年吧。"让我们共同期待下一个不一样的 5 年！

李建军

2020 年 1 月